KB097460

폭력 앞에 선 철학자들

마크 크레퐁 & 프레데릭 웜 지음 | 배지선 옮김

Cet ouvrage a bénéficié du soutien des Programmes d'aide à la publication de l'Institut français.

이 작품은 프랑스문화원의 '출판 지원 프로그램' 지원을 받았습니다.

La philosophie face à la violence

폭력 앞에 선 철학자들

사르트르에서 데리다까지

마크 크레퐁 & 프레데릭 웜 지음 ∣ 배지선 옮김

아[숲]

한국 독자들에게

　문화, 언어, 종교 등 모든 차이를 넘어, 교육수준과도 무관하게 모든 사람에게 보편적인 앎이 적어도 하나가 있습니다. 그것은 바로 인간의 취약성과 사망률, 곧 누구나 죽음에 이른다는 사실입니다. 게다가 이것은 존재의 가장 신비스러운 사실 중 하나로, 누구도 그 기원을 말할 수 없는 어느 날 우리는 인간이 취약하고 죽음에 이른다는 사실을 깨닫게 됩니다.

　이 사실은 또한 폭력의 경험을 보편화합니다. 아무것도, 실제로 어떤 것도 이런 이중 조건, 즉 취약성과 필연적 죽음만큼이나 인간의 삶에 새겨져 있는 이중적 가능성, 즉 파괴적 힘의 주체나 객체가 될 가능성보다 더 깊이 연관된 것은 없습니다. 이 가능성은 각자의 방식으로 개인사에 속하며, 또한 개별민중의 역사에 공통으로 뿌리내리고 있습니다.

　역사는 어두운 면, 상처, 트라우마를 포함합니다. 다른 모든 나라처럼 한국에도 그런 역사가 있습니다. 이 책 각 장의 씨줄과 날줄, 혹은 배경을 이루는 역사는 단지 유럽에 국한된 것이 아니라 제2차 세계대전과 함께 시작되어 탈식민 전쟁에 이르는 전 세계적인 현상입니다. 또한, 반세기가 지나도록 어떤 역사의 장도 닫히지 않았습니다.

이 어두운 역사에서 살아남은 사람들은 다음 세대에 이 경험을 증언하고, 증언자들도 증언도 계승됩니다. 이런 계승은 언제나 혜택입니다. 과거와 현재의 폭력이 의식의 비밀에 매장된 채 남아 있지 않고, 어떤 금지도 이런 폭로의 장애가 되지 않는 것이 중요합니다. 따라서 폭력의 서사는 하나의 필연성처럼 요구됩니다. 개인적·민족주의적 열정의 도가니, 원한과 복수의 이글거림과는 반대로 문학과 영화의 힘은 이런 서사에 적합한 길을 열어주었습니다.

그러나 폭력은 폭력을 겪은 사람들, 혹은 이런 사건의 증인이 되었던 사람들이 증언하는 데 그치지 않고, 한 걸음 더 나아가 성찰을 요구합니다. 바로 이런 방식으로 폭력은 철학에 도전합니다. 게다가 이 도전은 이중 영역을 포괄합니다. 우선, 철학자는 다른 모든 시민처럼 동시대적 폭력에 방관자로 있을 수 없습니다. 우선, 인간에 관련된 모든 사실과 무관할 수 없으며, 또한 세계의 하소연에 무관심한 것, 눈을 감고 귀를 막고 입을 닫는 것은 결국 이런 탄식과 비명이 들리는 바로 그곳에 자신의 "동의"[1]를 더하는 셈이 된다는 사실을, 철학자는 누구보다도 잘 알고 있기 때문입니다. 불의가 없는 폭력은 없고, 이로써 반항, 항의, 울분은 의무가 되며, 철학자는 이런 의무의 절대적 호소에서 멀어질 수 없습니다.

그러나 이것이 전부는 아닙니다! 철학자는 폭력의 시험에 무력하게 대처하지 않습니다. 철학자는 형이상학이 그에게 주는 무기, 즉 존재의 사유, 자유의 사유, 그리고 의무와 참여의 사유로 폭력에 맞섭니다. 이런 경험이 사르트르, 카뮈, 메를로-퐁티, 카바이예스, 캉길렘, 시몬 베유, 레비-스트로스, 푸코, 들뢰즈, 레비나스, 장켈레비치, 데리다, 그리고 그 밖의 모든 철학자의 경험이며, 또한 이후 모든 철학자가 이어가는 경험입니다.

본보기가 되는 그들의 목소리는 어떤 폭력도 소멸되지 않은 시기에 우리를 위협하는 모든 형태의 폭력과 함께 경계와 통찰에 대한 초대처럼 들려옵니다. 세계를 파괴하는 모든 형

---

1) consentement: 한국어로 '동의'라고 번역한 이 말에는 여러 층위의 의미가 있으므로 부연하자면 어떤 기획이나 결정에 대해 거부, 거절, 저항, 반대 등의 반응을 보이지 않고 받아들이는 것, 그럼으로써 허락하고 동조하는 것을 의미한다. 옮긴이.

태의 재앙은 물론, 전쟁의 참혹함, 사형 집행의 야만성, 임의 체포·구금의 비인간성, 고문, 인종주의 만연 등이 이런 폭력의 사례일 것입니다.

굴복하지 않기 위해, 이런 폭력에 귀 기울이고 깨어 있는 것이 중요합니다.

2017년 1월, 파리에서
마크 크레퐁, 프레데릭 웜

폭력 앞에서 철학은?

2015년 봄, 이 질문이자 요구는 프랑스에서 그리고 세계에서 다시 중요한 쟁점이 됐다.

이 책은 사르트르(Jean Paul Sartre, 1905-1980)에서 레비나스(Emmanuel Levinas, 1906-1995), 1943년부터 1968년, 그리고 프랑스 현대 철학의 여정을 통해서 이 질문에 대답한다.

그런데 모든 일이 얼마나 빠르게 진행되는지! 우리가 이 책의 모태가 된 고등사범학교의 인터넷 수업[1]을 제안했을 때, 이를 테면 일은 반대 방향으로 진행되려 했다.

프랑스에서, 정치에 의해 복합적이고 난해하고 근본적인

---

1) Moocs: 고등사범학교장 마크 메자르, 그리고 학교에서 이 수업이 가능하도록 해준 모든 사람들(Moocs 혹은 Flots를 총괄한 이브 라즐로, 홍보부, 기술부), 그리고 Coursera의 플랫폼에서 소통 문제를 맡았고 지금도 맡고 있으며, 엄격하면서도 관대한 청자였고 우리가 여기서 다루는 문제들의 핵심과 직접 관련 있는 주제들을 연구하는 알라 키수키디와 엘리즈 라미레스티드에게 감사한다. 수업은 '프랑스 현대 철학. 정치의 시험에 놓인 형이상학적 문제들, 1943-68'이라는 제목으로 개설됐다.

시험을 겪었던 현대 철학에의 입문이었다.

『존재와 무(*L'Etre et le néant*)』를 쓴 사르트르가 전후의 모든 정치적 질문을 대변한다면, 카뮈(Albert Camus, 1913-1960)는 폭력과 폭정을 거부하는 부조리와 반항을 대변한다. 그리고 이런 긴장은 레비나스, 푸코(Michel Foucault, 1926-1984), 데리다(Jacques Derrida, 1930-2004), 그리고 그 이후까지 한 세기를 가로지른다.

이들 철학자 각자의 이런 두 가지 측면을 고려해야 했던 우리는 이미 윤리적이며 정치적인 문제들을 동반한 철학적 저서들과 시기[2](프레데릭 웜: 앞으로 FW로 표기한다), 정치와 폭력의

---

2) 원작의 단어는 moment의 복수형 moments이다. 이 단어는 라틴어 'momentum'에서 왔는데 일반적 의미는 시간의 거리, 간격, 공간, 여기에서 파생된 여러 가지 표현들이며, 물리학이나 수학의 용어로도 쓰인다. 따라서 이 단어의 시간은 짧든 길든, 전체와의 관계, 상대적인 의미에서 정해진 어떤 범위를 나타낸다. 17세기부터 이 단어는 어떤 영향이나 결과들, 그때의 어떤 일들, 내용 같은 것으로 특징짓는 시간을 말할 수도 있게된다. 철학사를 비롯한 어떤 역사를 기술할 때 흔히 취할 수 있는 방법은 연대기적 구성이다. 그런데 프레데릭 웜은 특정한 어떤 철학적 문제를 둘러싸고 구별되는 'moments'을 가로지르면서 프랑스 20세기 철학을 기술한다. 이 시기들은 예상할 수 있거나 혹은 어떤 논리적인 일정한 성과에 이르거나 이에 도달하기위해 일관적이거나 지배적인 패러다임을 보이지 않는다. 오히려 어떤 문제를 둘러싸고 철학적 다양성이 공존하며, 때로는 합류하고 때로는 근본적으로 단절하면서도 또한 계승된다. 즉, 이 시기는 여러 가지 의미에서 복수이다. 웜은 20세기 프랑스에서 나타난 다양한 철학들을 크게 세 가지 문제에 따라 '시기'로 구분한다. '정신'이라는 문제를 둘러싼 '1900년의 시기'(대략적으로 1890년대에서 1930년대를 포괄한다), '실존'의 문제를 중심으로 '제2차 세계대전기'(1930~1960년대) 그리고 '구조'라는 개념을 둘러싼 다양한 분절과 복합적 결합이 있었던 '1960년의 시기', 이 세 번째는 오늘날까지의 시기를 포괄하는 것으로 본다.

시험과 더불어 여전히 철학적인 문제들을(마크 크레퐁: 앞으로 MC로 표기한다) 영역을 나누어 담당했지만 그렇다고 이런 구분에 너무 얽매이지는 않았다.

그런데 시대는 순서를 거꾸로 만들어버린 듯하다. 폭력의 시험이 먼저 닥치고, 이에 답하기 위한 철학이 필요해졌다. 그렇더라도 이는 철학의 임무 중 하나이며 철학은 이 임무를 해낼 수 있다.

우리는 이 책의 각 장에서, 이 여정의 각 단계에서 이 책에서 다루는 사유들이 오늘날에도 여전히 절대적으로 중요하고 필요하다는 사실을 알게 될 것이다.

균형을 유지하면서 여러 측면을 항상 고려해야 한다. 폭력에 대응하기 위해서는, 철학에의 입문과 여정, 철학의 문제, 직관, 논증, 철학서, 저자, 시기가 필요하다.

이런 이유들로 우리는 이 책에서도 수업에서처럼 비교적 철학 저작과 시기에 집중하는 장(FW)과 정치 문제에 더 집중

이에 대한 자세한 논의는 프레데릭 웜의 저서, 20세기 『프랑스 20세기 철학. 시기들(*La philosophie en France au XXe siècle, Moments*)』(2009, 갈리마르)를 참고할 수 있다. 이런 그의 선행 연구가 이 책에서 그가 '시기'를 담당하는 이유이기도 할 것이다. 한국어에서는 이 뜻에 가장 부합하는 것으로 보이는 시기(時期)를 택한다. 즉 어떤 일이나 문제, 현상이 진행되는 때, 각각의 때가 고유하게 발전하면서 결합하는 그러한 순간들의 집합이라는 의미이다. 옮긴이.

하는 장(MC)으로 각각 영역을 구분했지만, 이런 구분의 철저함이나 전문적인 기술은 배제했다. 그러나 서로 긴밀히 연결된 비판과 사유의 엄격성에는 철저했다.

폭력 앞에 선 철학, '모든' 철학, 행동과 생각, 저서와 관계, 역사와 당대의 문제, 이 모든 것이 없었다면 오늘날에도 우리에게는 여전히 아무 힘도 없을 것이다. 그러나 철학이 있다면, 우리는 저항할 수 있다. 오늘날에도 여전히.

목차

한국 독자들에게 5
머리말 – 폭력 앞에서 철학은? 9

서론
1. 폭력 앞에 선 철학자들(FW) 15   2. 정치의 시험, 어떻게 이해할 것인가?(MC) 20

1부 제2차 세계대전 전후

Ⅰ 사르트르, 카뮈
1. 『존재와 무』(FW) 29   2. 고문과 테러리즘, '피의 궤변'(MC) 45

Ⅱ 카뮈, 메를로-퐁티
1. 부조리, 반항, 세계(FW) 59   2. 쟁점이 된 폭력(MC) 74

Ⅲ 시몬 베유, 캉길렘, 카바이예스
1. 시험에 든 평화주의 (MC) 87   2. 필연성의 경험 (FW) 100

2부 1960년대

Ⅳ 레비 스트로스, 사르트르, 메를로-퐁티
1. 다시 생각하는 인간의 다양성(MC) 113   2. 구조, 실존, 역사(FW) 125

Ⅴ 푸코와 들뢰즈
1. 형이상학적·정치적 비판, 구조와 차이 사이(FW) 139
2. 용인할 수 없는 감금(MC) 150

Ⅵ 장켈레비치, 데리다, 레비나스
1. 윤리학과 형이상학, 환원 불가능한 차이(FW) 163   2. 불가능한 용서(MC) 176

결론
1. 오늘날 철학의 과제(FW) 189   2. 세계에 대한 염려(MC) 195

옮긴이 말 – '철학한다'는 것은 무엇일까? 201

서론

1. 폭력 앞에 선 철학자들

우리의 여정은 1943년, 제2차 세계대전의 정점에서 시작해 오늘날에 이릅니다. 이 '상황'에서 우리 여정의 방향을 설정하는 두 가지 사실에 주목해야 합니다.

첫째, 우리는 다른 모든 사람, 모든 시민과 마찬가지로 이런 특수한 역사적·정치적 상황에 놓여 있던 철학자들뿐 아니라 그들이 망명, 은둔, 심지어 투옥 중에도 집중적으로 저술하고 출간한 철학서들, 바로 이 시기의 저서들에 주목해야 합니다. 실제로 이들 철학자, 텍스트와 책은 대번에 '정치의 시험'을 겪었습니다.

둘째, 이 사실 역시 인상적입니다만, 이 시기에 프랑스에서 쓰인 철학서는 역사적 사건의 도전과 시험에 맞서 단지 철학이 '할 수 있는' 것만이 아니라 새롭고 근본적이며 명백히 철학적인 문제 또한 공유했습니다. 한 단어로 이 시대를 특정 지을 그 문제는 바로 '실존'이었습니다. 이것은 무엇을 말할까요? '인간', 한 의식과 경험이 존재와 역사에서 직접적이고 비선택적 방식으로 '상황'에 처한다는 것이 의미하는 바를 아는 것입니다. 세계, 의식, 그리고 우리 존재라는 주어진 것을 넘어서, 절대적 원칙을 찾는 일을 포기해야 합니다. 이 상황은 절대적 의미 탐구로서 철학의 포기를 시사하는 걸까요? 1년 전인 1942년 『시지프스의 신화(*Le mythe de Sisyphe*)』에서 카뮈가 주목했던 '부조리'도 이렇게 이해해야 할까요? 아니면 혹시 정반대일까요? 오히려 존재와 역사에 직면해 철학에 호소하는 것은 아닐까요? 이 상황, 이 역사적 경험에서, 어떤 절대적 원칙도 없이 역사, 세상과의 관계 속에서 존재하는 인간, '그럼에도 불구하고' 실존에서 진실과 행동의 원칙, 지식과 정의의 원칙을 찾아야만 하는 인간을 새롭게 이해해야 하는 것은 아닐까요?

이런 것들이 바로 이 역사적 시기의 철학서들을 특징짓는 주요 문제입니다. 실존의 문제, 각각의 철학서가 매우 다양한 방식으로 직면하는 문제, 여기서 두 가지 과제가 부과됩니다.

한편으로 이 철학 저작들을 '정치에 의한 시험'을 치르게 해야 합니다. 하지만 행동으로 사유를 단순하게 재단하거나 '역사의 심판'이라는 명목으로 철학을 심판해서는 안 됩니다.

다른 한편으로 정치와 역사를 '철학에 의한' 시험에 들게 해야 합니다. 철학을 절대적 지식이나 체계가 아니라 (어느 때보다도) '원칙'에 대한 사유로 이해한다면 말입니다. 전쟁 상황과 자유에의 욕망에 마주하고 필연성과 정의에 직면해, 비록 생각하기 위해 우리에게 주어진 것이 인간의 의식, 실존 혹은 경험에밖에 없다고 해도 원칙에 대한 사유는 여전히 존속합니다. 그리고 이 시기의 주요한 저서들은 바로 이런 일을 해냅니다.

정치의 시험으로 돌아오기 전, 우선 이 저서들에 관해 설명을 조금 더 하겠습니다.

우선, (모든 의미 있는 '시기'와 마찬가지로) 이 시기 철학책들은 폭넓은 다양성을 보여줍니다. 1943년 사르트르의 『존재와 무』가 출간됩니다. 시몬 베유(Simone Adolphine Weil, 1909-1943)가 죽기 전 『뿌리내림(L'enracinement)』[부제: 인간 존재에 대한 의무 선언의 서언(Prélude à une déclaration des devoirs envers l'être humain)]을 쓴 시점도 1943년 입니다만, 이 책은 1952년 알베르 카뮈가 갈리마르 출판사에서 기획한 '희망(Espoir)'이라는 제목의 총서 첫 책으로 출간됩니다. 언뜻 보기에 이 두 책(과 우리가 앞으로 살펴볼 다른 책들)에는 어떤 공통점이 있을까요? 이 책들은 모든 점에서 상반되지 않을까요? 어떻게 사르트르의 실존 철학과 시몬 베유의 필연성의 철학을, 그리고 『존재와무』에서 근본적이고 순수하게 인간적인 자유를 수호하는 사르트르의 철학과 『뿌리내림』에서 '신의 사랑'과 '불행'을 되찾는베유의 철학을 접목할 수 있을까요?

이는 어려움이라기보다는 오히려 우리는 여기서 우리를 인도할 세 사항을 유추할 수 있습니다.

-먼저, 궁극의 원칙으로 여겨지는 것까지 거슬러 올라가서 고유한 철학적 역량을 확보한 각 사유의 근본적인 독창성을 중시한다. 철학서는 (바로 이 점이 철학서의 성격을 규정하는데) 어떤 질문이나 직관에서 출발하여 발전하면서 하나의 새로운 사유를 생성한다.

-이어서, 여러 사유 사이의 관계뿐 아니라 앞서 언급했던 공통의 문제, 즉 인간의 실존 원칙들과 관련된 새로운 철학적 문제와의 관계를 밝힌다.

-마침내, 철학적 문제와 정치적·역사적 상황의 관계를 살피고 철학자들이 역사적 시기와 맺은 관계에서 그들의 행동에 주목한다.

마지막으로, 이 여정의 전체적인 전개에서 주목해야 할 사항입니다. '상황'은, 우리가 곧 이해하게 되겠지만, 사르트르의

『존재와 무』가 제시하는 주요 개념 중 하나인데, 이는 우연이 아닙니다. 1943년에 '상황'과의 연관성이 매우 특별하다면, 이는 이 시기를 넘어서 일반화될 수 있을까요? 예를 들면, 전혀 다른 양상이 전개되는 1968년, 그리고 오늘날에도 유효할까요?

그렇기도 하고, 그렇지 않기도 합니다. 일반화될 수 있다는 것은 철학적 문제들과 역사적 상황 사이에는 언제나 연관성이 있다는 점에서 그렇습니다. 하지만 언제나 같은 문제, 같은 상황이 아니어서 일반화할 수 없습니다. 1968년, 이 해의 상황은 인간과 세계의 실존적 관계 혹은 역사에서 사유의 자리를 계승하는 것이 아니라 비판적 사고의 대면, '변증법'을 넘어서는 근원적 차이의 대면이었다고 할 수 있습니다. 이런 대면은 1968년 5월 프랑스를 뒤흔든 '사건'과 (직접적이지는 않더라도) 연관이 있습니다. 어찌 됐거나 1968년은 또 하나의 철학적 '시기'가 됐고, 우리는 이 시기에서 정치의 시험뿐 아니라 형이상학적 문제, 그리고 정치와 형이상학이 서로 그 한계까지 밀어붙이는 방식을 발견하게 됩니다. 이것은 프랑스 철학만이 아니라 현대 철학의 일반적인 특징일 것입니다.

그런데 철학이 '정치에 의해 시험된다'는 것은 어떤 의미일까요? (FW)

2. 정치의 시험, 어떻게 이해할 것인가?

'시험'이라는 말은 처음 중세 문서에 등장할 때 고통, 불행, 역경의 동의어였습니다. 그리고 봉건제 법률 언어에서 '법의 시험'은 '고통'을 의미하기도 하고, 신이 개입해서 죄인을 지목해주기를 바라며 피고에게 가하는 '고문'을 의미했습니다. 그리고 이런 시험에서 살아남은 사람만이 무죄 선고를 받을 수 있었습니다. 그러다가 '시험'이라는 말은 개인이나 생각의 가치를 판단하는 수단을 가리키게 됐습니다. 바로 여기서 '시험받다', '시험에 들다' 같은 관용적 표현이 생겼습니다. 이들 표현은 '평가'와 '저항'이라는 이중적 의미를 암시한다는 공통점이 있습니다. '시험에 든다'는 것은 어떤 사물의 냉기, 열기, 진동에 저항하는 성질을 시험하는 것처럼 심판과 평결에 대한 저항에 달렸다고 여기면서 심판의 의례와 이에 동반된 평결에 따르는 것입니다.

그렇다면 '정치의 시험'이란 무엇일까요? 외연을 너무 확대하지 않는다면, 이렇게 말할 수 있을 것입니다. 정치는 사실적·법적 공동체를 구성하는 자유, 안전, 남성과 여성의 다원적 존재 조건들이 공동으로 개입된 결정들, 이런 결정들의 효과를 일반적으로 공유하는 것과 관련이 있습니다. 이런 직접적·개인적·집합적 관련성은 정치가 철학을 시험에 들게 하는 첫 번째 방식이기도 합니다. 이 차이점은 단순히 철학의 무력함을 드러낼 수도 있고, 바로 여기서 철학의 고난이 시작될 수도 있기 때문입니다. 방금 우리가 말한 것이 최소한의 사전적 정의에서 '정치'라면, 통상적으로 철학자에게는 이런 결정에서 아주 작은 자리가 부여되거나 아예 자리가 없다는 사실을 인정해야 합니다. 철학자는 (법이나 경제 같은) 다른 지식 영역에서와는 다르게, 예외적으로 혹은 아주 은밀하게, 그리고 진행되고 있는 정세의 흐름을 바꿀 수 있는 능력이 있는지 합리적으로 의심하게 하는 수많은 중재를 통해서만 이런 결정들의 방향을 바꾸거나 방향을 설정합니다. 이렇게 철학이 사유하고 실현하는 것과 가장 구체적인 방법으로 실존의 질서를 조건화하는 결정 사이에 균열의 가능성이 그려집니다. 이런 균열, 심연은 그 자체로 이미 시험입니다. 우리는 자유, 정의, 평화, 환대와 같은 주제에 관해 장황하고 통합적인 개론을 쓸 수 있습니다. 또한 이런 글이 이 세계의 질서에 아무런 영향도 끼칠 수 없음을 확인할 수 있습니다. 왜냐면 이런 결정들이 한편으로 다른 논리에 따라 이루어지고, 다른 한편으로 어떤 다른 목적을 추구하게 하는 이익과 힘을 유도하기 때문입니다. 다시 말해 철학이 스스로 자신을 의심하게 한다는 단순한 사실로 정치는 철학을 시험에 들게 합니다.

가치에 대한 평가절하나 불신은 진리와 언어를 의심하게 합니다. 심지어 무언가에 대해, 예를 들어 자유, 정의, 인생 혹은 세계에 대해 무언가 말할 만한 의미가 있다는 사실조차도 의심하게 합니다. 우리는 이런 생각을 무엇이라고 부르는지 잘 알고 있습니다. 바로 허무주의입니다. 허무주의의 유혹, 실존을 약화시키는 다양한 형태의 불안, 불의, 세상을 분열시키는 빈곤, 절대 사라지지 않을뿐더러 역사의 흐름을 이루는 폭력 앞에서 사유는 쓸모없다고, 사유의 힘으로 바꿀 수 있는 것은 아무것도 없다고 말하고 싶은 유혹 —왜냐면 정치적 사안이고, 바로 이 사안이 동원하는 강자들이 세상을 바꾸므로— 아마도 이런 유혹이 우리가 파악하려는 시험 중에서 철학에 가장 근본적이고 가장 위태로운 시험일 겁니다.

따라서 모든 질문은 형이상학이 어떻게, 그리고 어디까지 이런 것들에 맞설 수 있느냐는 문제로 귀결됩니다. 사유가 정치의 시험에 임하는 데에는 서로 전혀 다른 세 가지 방식이 있으므로, 몇 가지 구별 점을 파악하는 것이 좋겠습니다. 첫째, 정치 일반을 사유하기 혹은 국가 이론이나 헌법 이론 같은 정치 이론에 몰두하기. 둘째, 가장 적극적일 방법일 텐데, 어떤 결정된 정치에 반대하면서 정치에 참여하기. 예를 들어 이런저런 형태의 지배나 억압, 정부의 체계, 법률 전반을 비판하고 이의를 제기하기. 셋째, 형이상학적 체계나 존재론 같은 정해진 철학에서부터 어떤 특정한 정치를 도출해내기. 실제로 이런 방법은 동일한 것이 아닙니다.

정치의 시험에 맞서는 이런 세 가지 방법을 구별하는 것이 필요하기는 합니다만, 이론과 실천이 서로 엄격히 구분된 활동을 지칭하기 어려운 만큼이나 이런 방법들도 항상 명확히 구분되는 것은 아닙니다. 우리에게는 바로 이 점, 다시 말해 사르트르, 메를로-퐁티, 시몬 베유, 들뢰즈(Gilles Deleuze, 1925-1995), 푸코 같은 프랑스 철학자들의 '정치 참여'가 어떻게 '근본적으로 그들의 철학' 혹은 '형이상학'에서 근원과 정당성을 찾는지를 확인하는 것이 관건입니다. 따라서 모든 문제는 이 두 가지 주제의 유기적 결합에 있습니다. 어떻게 '형이상학'에서 '정치'로 이행하는가? 여기서 '이행'은 무엇을 의미하는가?

또한, '정치의 시험'에는 강조해야 할 마지막 영역, 폭력의 경험이 포함됩니다. 만약 정치가 매번 면밀한 분석을 요구하는 특징적 형태의 폭력 경험에 연관되어 있지 않았다면, 철학자들에게 '오류'나 '과오'의 위험을 무릅쓰고 참여할 것을 간청하고, 그들의 책임에 호소하는 시험이 되지는 않을 겁니다. 우리는 시몬 베유의 텍스트 몇 편을 읽으면서 살펴볼 전쟁의 폭력, 사르트르의 결정적 에세이를 통해 주목할 식민지 체제의 폭력, 가령 레비-스트로스(Claude Lévi-Strauss, 1908-2009)의 에세이 같은 것을 읽으면서 살펴볼 전체주의 폭력, 자본주의와 서구 민주주의 부르주아적 안락함이 내포한 폭력, 처벌적 사회에서 운용되는 수용소 체제의 폭력, 인종주의 폭력, 나아가 반유대주의 폭력, 이방인의 권리에 대한 폭력에 관해 사유할 겁니다. 그리고 이들 폭력은 매번 우리 독서와 분석의 길잡이가 될 겁니다.

만약 폭력이 정치의 시험에서 중요한 위치를 차지한다면, 이는 우리가 앞으로 함께 읽을 저작에서 확인할 수 있듯이 단지 이런저런 철학자들이 폭력의 메커니즘을 논증하려고 폭력을 고발했기 때문만은 아닙니다. 가령, 혁명이라든가 투쟁이 어떤 '절대성'의 견지에서 정의의 이름으로 호소하는 폭력을 정당화할 수 있느냐 없느냐는 문제가 철학자들에게 제기됩니다. 그럴 때 정치의 시험은 폭력의 형태 중에서 역사, 혁명, 혹은 어떤 절대성의 관점에서 정당한 폭력과 폭력투쟁을 선별할 것인지, 아니면 모든 폭력의 정당화를 원칙적으로 거부할 것인지를 선택하는 문제로 귀착되는 것일까요? 이것은 우리가 끊임없이 부딪히는 이 시대의 문제, 전 세계 곳곳에서 증폭되는 폭력의 참상이 우리에게 끊임없이 던지는 문제이기도 합니다. (MC)

1부
제2차 세계대전 전후

I 사르트르와 카뮈

1. 『존재와 무』

1943년은 스탈린그라드에서 격전이 벌어지고 그로 인해 군사적 전환점이 되었을 뿐 아니라 전쟁 기간에 프랑스에서 출간된 책 중에서 아마도 가장 유명한 사르트르의 『존재와 무』가 나온 해입니다. 따라서 우리는 사르트르에서부터 공부를 시작해야 합니다.

우리 연구의 목적은 비교적 간단합니다. 이 책과 사유 그리고 정치 사이의 관계는 우리가 믿는 것과 달리 직접적이지 않고, '철학을 거친다'는 사실을 드러내는 데 있습니다.

우리는 사르트르의 사유에서, 특히 『존재와 무』에서 철학의 본질적 중요성을 자주 간과하지만, 사실 이것은 근본적인 문제입니다.

그 주된 이유 중 하나는 이 책을 저자의 '정치적' '참여'를 통해 바라본다는 것입니다. 한 가지 명백한 사실은 이 참여의 중요성이 그 내용이나 사르트르의 연속적인 정치적 선택뿐 아니라 '자유의 철학'인 사르트르의 철학 자체와 연관된다는 것입니다. 사르트르의 '참여'가 중요한 것은 그의 철학이 한편으로 참여에 형이상학적 의의를 부여하고, 다른 한편으로 우리 삶의 모든 좌표, 우리 존재와 '실존'을 '참여시키기' 때문입니다. 다시 말해 우리는 사르트르의 정치 사회적 참여를 잘했다 잘못했다고 평가할 수는 있지만, 참여에 도덕적·정치적 역량뿐 아니라 '형이상학적 역량'을 부여하지 못했다고 비판할 수는 없습니다. 이런 측면을 이해하려면 먼저 그의 역작, 『존재와 무』의 중심적이고 근본적인 철학적 명제를 이해해야 합니다.

또한, 이를 통해 『존재와 무』의 중요성을 잘못 이해하게 한 다른 두 가지 이유에 관해서도 말할 수 있습니다. 우리는 사르트르의 정치 활동과의 관계뿐 아니라 그의 문학 작품과의 관계에서도 이 책의 중요성을 과소평가합니다. 이 책은 작가의 작품에서 철학적 일부가 되는 데 그치지 않고, 작가 자신과 글쓰기 행위에 독창적이고 혁신적인 철학적 영역을 부여했습니다. 글쓰기에 의미를 부여하는 것은 '실존'입니다. 왜냐면 글쓰기는 삶에 의미를 부여하면서 인간적인 자유와 참여를 구현하기 때문입니다. 따라서 여기서도 역시, 철학을 경유해야 합니다.

그런데 철학자들도 흔히 이 책을 과소평가하는 잘못을 저지르곤 합니다. 동시대 다른 중요한 철학서들과 관련해서, 특히 이 책이 표방하는 '현상학'과 관련한 서적들, 그중에서도 정확히는 사르트르가 실제로 이를 공부하러 독일에 갔고, 의도적으로 제목을 패러디한 하이데거의 『존재와 시간(Sein und Zeit)』(1927)과 비교한 과소평가입니다. 사람들은 때로 사르트르의 『존재와 무』가 실수 혹은 왜곡에서 비롯한 차이가 있을 뿐, 하이데거의 『존재와 시간』을 그대로 옮겨다 놓은 것이라고 오해합니다. 얼마나 많은 탁월한 '현상학자들'이, 특히 프랑스에서 사르트르의 책을 하이데거 책의 모방이라고 평가해도 된다고 (더구나 나쁜 점수까지 주면서!) 믿었는지 모릅니다. 그러나 사르트르에게 관건은 하이데거의 주장을 반복하거나 그것을 논평하는 것이 아니라 그것에 대해 반론을 전개하는 데 있었습니다. 따라서 우리가 『존재와 무』에서 발견하는 것은 『존재와 시간』의 오독이 아니라 비판과 반론입니다. 조금 더 일반적으로 말하자면, 사르트르 작품의 독창성은 그와 가장 가까운 이들을 포함해서 그의 동시대인들, 단지 독일의 하이데거만이 아니라 프랑스 철학자들, 심지어 친구들과의 차이 혹은 대립에서 유래합니다. 이들은 각자 이 문제에 관해 말하고, 나아가 각자의 방식으로 사르트르와 논쟁하면서 이를 인정하게 됩니다. 예를 들어 메를로-퐁티는 사르트르에게 답하기 위해 1945년에 출간될 그의 책에 '자유'에 관한 장을 추가하고, 이미 부조리에 관한 글을 쓴 적이 있는 카뮈는 얼마 뒤에 반항에 관해 쓰게 되며, 독일에서 포로가 되었던 레비나스는 나중에 이 책을 발견하고 자신의 대답을 내놓습니다. 독창적 사유 사이의 이런 관계나 대립은 각 사유의 중요성을 약화하기는커녕 오히려 강화합니다. 매우 특별한 철학적 시기였던 제2차 세계대전 시기에 방향을 가리키는 진정한 나침반이었던 사르트르의 사유도 바로 이와 같습니다. 따라서 이 책을 그 자체로 읽어야 하고 사르트르의 사유를 그 자체로 연구해야 합니다.

우리는 세 단계로 이를 간략하게 살펴볼 것입니다. 사르트르의 독특한 직관을 드러내기 위해 책 전체의 전개를 살펴보고, 이어서 이 독특한 직관이 내포하는 것과 역으로 이를 검증하는 것을 살펴봅니다. 따라서 책 전체의 독해는 필수적입니다(이를 잘 이해한 초기 독자들은 두툼한 책의 두께도 아랑곳하지 않고 탐독했습니다). 그리고 마지막으로 사르트르가 동시대인들과 맺고 있는 관계를 다루기 위해 문학, 정치를 살펴보겠습니다.

『존재와 무』의 본질적 직관

이 책의 서론에 나타난 사르트르의 주된 직관은 표면적으로는 놀랄 만큼 어려워 보입니다만 사실은 간결하게 요약될 수 있습니다.

사르트르의 명제는 간단합니다. 철학의 모든 이원론을 넘어섰다고 주장하는 '현상학'은 마지막 하나, 가장 근본적인 의식과 사물의 이원론, 즉 자유와 필연성의 이원론, 무(無, 자유는 '아무것도' 아닌 것이 아니므로)와 존재의 이원론을 여전히 내포한다는 것입니다. 그리고 존재의 두 영역, 존재와 무, 우리이면서 우리를 자유롭게 하고, 우리가 때로는 달아나고 넘어서기를 원하지만, 최고일 때도 최악일 때도 우리의 조건인 무, 이 이원론은 넘어설 수 없습니다.

그렇지만 어떻게 이런 명제를 논증할 수 있을까요?

서론이 이를 매우 간결하게 보여줍니다.

현상학은 무엇을 말할까요? 현상학은 모든 무언가, 사물(나무, 우리 몸), 생각(느낌, 감정) 등 모든 것이 '현상'이라고 말합니다. 다시 말해 모든 것은 의식에 떠오르는 어떤 것일 뿐, 다른 무엇이 아니라는 것입니다. 그것을 넘어선 어떤 것도, 감춰진 무엇도 없고, 이런 외관 뒤엔 어떤 현실도, 이런 실존 밑에는 어떤 본질도 없습니다! 니체는 우리가 마침내 배후-세계(arrière-mondes)를 치워버렸다고 말할 것입니다.

네, 그러나 사르트르가 서론에서 엄밀하게 진술하고 책 전체가 옹호하는, 환원되지 않는 이원론이 있습니다. 모든 현상에는 두 가지 전제가 있습니다. 우선, 현상을 인식하고 이를 '겨누는' '의식'이 있고, 또한, 현상 뒤에 숨어 있지 않고 현상 전체 '인' 존재, 사르트르가 '이행(移行) 현상적' 존재라 부른 존재가 있습니다. 요컨대, 근거도 없지만 비밀도 없고, 우발적이고 부조리하고 집단적 현상들 그대로의 전체, '그 자체(en soi)'입니다. 그리고 의식 없이는 아무것도 나타나지 않지만, 의식 자체는 '무엇'이 아니라 단지 '마주함(pour soi)'일 뿐입니다. 즉자(卽自, l'en-soi) 그리고 대자(對自, le pour-soi), 들뢰즈 식으로 말하자면, 이들은 이 책의 두 '개념적 등장인물'입니다.

모든 『존재와 무』가 여기에 있습니다. 아무것도(하이데거가 현상 뒤에 놓는 '존재'조차도) 현상 너머에 있지 않습니다. 그러나 현상을 마주한 —사르트르가 '인간'에게 부여하기를 망설이지 않는— '의식'은 어떤 존재로도 환원되지 않으므로 이렇게 존재를 비껴갈 수 있습니다. 우리는 어떤 경험에서 특히, 불안 (무언가에 대한 두려움이 아니라, 아무것도 없음에 대한 두려움,

하이데거나 키르케고르에게 '자유의 현기증' 같은 것), 자유로운 선택, 기획,[1] 참여에서 이런 무(無)를 언뜻 볼 수 있습니다.

강조해서 말하건대, 사르트르에 따르면 '그것이 무엇이든' 현상은 서로 다를 뿐 아니라 대립하는 존재의 두 영역으로 우리를 인도하며, 그의 목적은 (동시에 문제는) 이 두 영역의 근본적 차이에서뿐 아니라 분명히 문제적이지만 동시에 구체적이고 중대한 '관계들' 안에서 이를 묘사하는 것입니다. 왜냐면 바로 여기서, 우리의 앎뿐 아니라 '우리의 삶'도 이루어지기 때문입니다.

이런 것이 사르트르가 『존재와 무』 서론 끝부분에서 제시하는 매우 설득력 있고 독창적인 명제입니다. 현상 말고는 아무것도 없지만, 현상은 존재의 두 영역으로 환원되기에 이들 사이의 관계를 이해해야 합니다. 책의 부제 '현상학적 존재론

---

1) Projet는 '기획' 혹은 '계획'을 뜻하는데, 사르트르의 projet를 투기(投企) 혹은 기투(企投)로 번역하기도 한다. 아니면 투사라고 번역할 수도 있겠다. 철학적 개념으로 projet는 주어진 의미에서 자신과 세계를 변화시키려는 모든 것을 포괄한다. 기획[그을 획(劃)]이 도모한 바를 그려가는 것, 꾀한 일을 하려 하는 것, 그 과정에서 행동하는 존재와 그 기획이 품고 있는 것이 실현되는 것까지 포괄할 수 있다는 의미에서 그냥 일반적인 말을 택한다. 또한, 이 말이 일반적으로 사용되는 말과 다른 형태로 쓰이지 않는다는 점을 고려해 가능한 일상적인 말에 머물고자 한다. 나아가 프레데릭 웜이 사르트르를 설명하는 문맥의 의미에서도 이에 더 가깝다고 생각된다. 옮긴이.

의 시론'[2]은 이처럼 설명됩니다. 나아가 왜 이 책의 추상성조차 도 우리의 가장 구체적 삶을 가리키고 있는지 이해할 수 있습니다. '현상'에서 만족하지않고, 이 현상이 내포하는 '존재(하다)'의 형태를 이해해야 합니다. 이 주제를 잘못 이해하면 나머지 모든 것이 위태로워지므로 이론적 개론과 가장 엄격하고 세밀한 이론에서조차도 기획과 참여의 영역을 포함하는 '시도'가 일관적으로 필요합니다.

『존재와 무』의 전체적 전개

지금까지의 논의를 바탕으로 『존재와 무』의 전개와 구성을 이해할 수 있습니다. 이렇게 간략하게 요약해봅시다. 이 책의 1, 2, 3부에서 사르트르는 존재의 두 영역 사이 '간격을 파고들면서', 또한 즉각적으로 의식에 포착되는 차이, 특성, 경험의 환원 불가능성을 파고들어 두 영역의 차이를 심화합니다. 그리고 4부에서는 이토록 깊숙이 단절되고 심지어 대립하게 된 존재의 두 영역을 연구하거나 혹은 '그 관계를 재건'합니다. 그리고 바로 여기서 세계로의 회귀뿐 아니라 늘 동시적으로 일어나는 행동으로의 회귀가 이루어집니다. 이들 관계가 비록 절

---

2) *Essai d'ontologie phénoménologique*

대적 융합이 될 수는 없겠지만(결정적으로 불가능), 이 관계에 인간의 삶이 자리 잡고, 또한 이것이 바로 글쓰기, 도덕과 정치가 실현되는 항구적 재개와 초월의 장이기 때문입니다. 이제 이런 과정의 각 단계를 간결하게나마 살펴보기로 합니다. 우선, 첫 3개 부를 요약해봅시다.

'무(無)의 문제'라는 제목의 제1부는 결정적인 역할을 할 만큼 중요하고, 또한 이 책의 제목을 가장 근본적인 의미에서 이해할 수 있게 해줍니다. 왜냐면 사르트르의 명제는 직면한 개별 현상과 모든 현상에 연관된 이 존재가 이런 현상과 구분되며 그 일부가 아니라는 주장에까지 나아가기 때문입니다. 존재는 이 현상 중 하나가 아니므로 아무것도 아니고 원래 '무'입니다. 그런데 추상적이고 모순적으로 보일 수 있는 이 명제는 다음 두 장에서 구체적으로 논증됩니다. 이 두 장의 대칭성은 그 자체로 중요합니다. 사르트르는 인간의 구체적인 행동에서 출발해서 무의 명제에 도달하는 데 그치지 않고 곧이어 무의 명제에서 인간의 구체적 행동으로 돌아오는데, 이는 (하이데거와 관련해서) 오독이 아니라 강력한 반론, 즉 이 본질적 '무'를 구체적 존재, '인간'으로 향하게 하는 것입니다.

우리는 '인간의 구체적인 행동을 통해' 무에 접근합니다.

키르케고르에 이어 하이데거처럼 '의문', 조금 더 정확하게는 무언가에서 무의 가능성뿐 아니라 '우리 안'에서 무의 실재가 드러나게 하는 '불안', 그리고 존재의 현기증이자 자유가 느끼게 하는 현기증을 통해 무에 접근합니다. 그러나 우리는 무에서 '인간의 다른 어떤 구체적인 행동'으로 돌아오는데, 여기에 사르트르의 근본적인 독창성이 있습니다. 이 다른 행동은 바로 '허위'입니다. '무'는 불안에서, 무와 존재 혹은 무와 자유 사이 순수하다고 추정되는 관계에서만 '일반적으로' 표출되지 않고, 내가 인지하는 존재, 그리고 심지어 나 '인' 존재, 혹은 더 정확히 말해 나로 '여겨지는' 존재, 그러나 실제로는 절대 온전히 나이지 않은 존재와의 거리를 통해 항상 표출됩니다. 이것이 바로 저 유명한 '카페 종업원'의 사례입니다. 그는 카페 종업원 '으로서' '처신'합니다. 그러나 그는 다른 모든 사람과 마찬가지로 그 역할로 환원될 수 없습니다. 모든 사람이 (무엇) '이다'라고 믿는 모든 것을 비껴가듯이 그는 그 역할을 넘어서고 역할은 그를 비껴가기 때문입니다. 그는 웨이터 '이고자' 하지만, 그것은 '허위'입니다.

따라서 이것은 차이의 근본성을 말해줍니다. 우리는 '그 존재가 아닌' 그 존재입니다. 내가 연결되어 있고, 때로 (이 세계,

이 삶, 이 몸, 사르트르가 곧 '상황'이라 부르게 될 것에) 결부되어 있다고 믿는 존재이며 동시에 그 존재가 아니기도 합니다. 바로 이런 존재에 근본적이고 '존재론적' 차이가 새겨집니다!

다음에 이어지는 두 장에서 사르트르는 '무엇'으로 축소하려는 모든 시도에 대항하여 인간 자신인 '무'의 특유한 본성에 다시 한 번 천착합니다. 이 책 2부의 제목 '대자의 직접적 구조들'은 베르그송 철학의 참고인 동시에 암시적인 비판입니다[베르그송의 『의식에 직접 주어진 것들에 대한 시론(*Essai sur les données immédiates de la conscience*)』(1889)은 사르트르가 처음 철학과 만난 계기였고, 그가 처음 읽은 철학서입니다]. 이는 우연이 아닙니다. 이 장에서, 사르트르는 존재의 양식에 의해 의식(혹은 대자)이 존재(혹은 즉자)를 항상 비껴가는 존재의 양식은 '일시적'이며, 이것은 '미래'를 향한 시작 혹은 도주에서 구성됨을 보여줍니다. 사르트르는 이렇게 '지속의 철학자' 베르그송과 만나는 듯합니다. 그러나 반론을 위한 만남입니다. 사르트르는 베르그송이 '지속'을 확실히 임시적이고 변화하는 '것'으로 다루기는 했으나 여전히 '무엇'으로, 의식의 본래 행위에 연결되어 있지는 않은 '것'으로 다루었다는 점을 지적하고 비판합니다. 의식의 본래적 행위는 주어진 그 자체를 '부인'하고, 그것임이 '아님이 되는 것'입니다. '시간'은 존재의 고유한 성질은 아니지만, 무(無)가, 자유가 우리 존재를 가로지르게 하고, 하나의 '기획'으로 정의되게 하는 것입니다. 그렇다면 사르트르는 『존재와 시간』에서 시간을 이렇게 정의하는 하이데거와 더 가까운 것일까요? 그들의 공통점은 시간을 존재 안의 비(非)-존재의 틈새로 만드는 것입니다. 그러나 그들의 차이 또한 깊습니다. 하이데거는 존재 안의 비-존재 틈을 존재들과 '대(大)존재' 사이의 어떤 수직적 차이로 재구성하지만, 사르트르에게 이것은 사물과 인간 사이의 수평적 차이입니다. 더 나아가 사르트르적 시간과 기획은 대상과의 관계에서 '그것을 변형시키기 위해서만' 의미가 있습니다. 예를 들어 시간성은 '(존재를 구성하고 사물, 현상, 행동 등을 실현하는 본질적으로) 우연적인 성질'[3]과의 관계에서만 의미가 있습니다.

---

3) 원어는 facticité인데 이 말은 contingence와 거의 같은 의미로 우연성, 우발성을 의미한다. 그러나 사르트르의 글에서 이 두 말은 구분되어 사용된다. 다시 말해 둘은 서로의 관계에서, 서로에게서 구별된다. 간략히 말하자면 contingence가 '왜 이것은 이것이 아닌 것이 아니라 이것인가'에 관련된 우발성이라면 facticité는 '왜 이것은 다른 것이 아니라 이런 것인가'라는 의미에서의 우연성과 우발성이다. 전자가 즉자와의 관계에서 발생 자체의 우연성을 보다 강조한다면 후자는 즉자의 본래적 어떤 것의 우연성과 관련된다. '왜 나는 내가 아닌 무엇이 아니라 나인가'와 '왜 나는 이런 나인가' 정도의 차이라고 말할 수 있겠다. facticité는 이 책에서 여기서만 사용되었으므로 여기서 차이를 밝혀두고 말을 풀어서 옮긴다. 옮긴이.

하이데거와 다르게 사르트르는 주체성을 순수한 자아 바깥의 상태에 한정하지 않는데, 왜냐면 주체성은 '구체적' 초월성이라는 목적에 맞게 완성되어야 하기 때문입니다. 구체적인 초월의 범주는 이 책 4부와 마지막 부분에서 다시 다루어지기 전에 처음으로 여기서 나열됩니다. 그리고 3부에서는 이에 앞서 더 큰 위협이 대자를 기다리고 있습니다. 그것은 바로 타자의 출현, 즉 다른 의식들의 출현입니다. 이 감탄할 만한 대목에서 사르트르는 의식의 환원 불가능성, 즉 타자가 조작해서 환원할 수도 없고 무언가로 축소할 수도 없는 자유의 성격을 보여줍니다. 그러나 이와 동시에 바로 타자의 시선이 이 의식과 다른 어떤 것, 정확히 말해 우리 몸과 함께 형성하는 불가피한 관계를 보여줍니다. 여기서 몸은 중심을 차지하고 단숨에 관계적으로 됩니다. 타자의 출현은 내 안으로 흡수될 수도 없고, 다른 어떤 우월한 상호관계로 초월할 수도 없습니다. 타자는 (나를) 봅니다. '나'도 타자를 봅니다. 이런 대면은 타자의 존재를 다른 어떤 것으로 축소하려는 사디즘이나 타자의 자유 앞에서 나를 사물화하려는 마조히즘 같은 병리적 상태로 '환원 불가능'합니다. 이 둘은 실패이고, 그래서 모든 실패에 대처할 수 있는 조건은 어떤 것인지 돌아보게 합니다. 이 조건은 모든 철학사에서 유일한, 일종의 급진적으로 민주적인 형이상학에서, 동등하게 자유로운 자유 의지들의 대면입니다. 이런 점에서 '우리'에 관한 궁극적 연구가 중심이 됩니다.

'우리'가 이원성을 넘어서게 한다고 믿을 수도 있겠으나 그렇지 않습니다. 왜냐면 이 '우리'는 다시 '우리-대상'과 분리되고 타자에 의해 사물처럼, 예를 들어 계급이나 인종으로 설정되고, '우리-주체'는 긍정을 통해서뿐 아니라 분쟁을 통해서 여기서 벗어나기 때문입니다. 이처럼 우리는 역사 속에 있습니다. 여기서 역사는 의식과 세계, 무와 존재의 근본적 관계를 되돌아보게 하고, 세계 속에서의 실천을 다루는 4부로 이어집니다.

그리고 여기서 모든 것이 이루어집니다. 4부, '이다, 가지다, 그리고 하다'는 존재의 목적이자 존재와 일치하려는 희망이 기획과 행동에서 무와 자유를 표출하도록 하는 것을 다룹니다. 대자는 세계뿐 아니라 세계의 물질적 총체에 의미를 부여합니다. 그리고 대자는 비록 언제나 그에게 —그 없이, 우리 없이는 어떤 의미도 없는— 주어진 상황에서 (구체적인 여건들과 함께) 그러는 것이기는 하지만, 자신이 자유롭게 선택한 행동을 통해 구체적으로 세계를 변화시키려고 합니다. 점점 더 빈번해지는 전쟁의 예와 점령당한 프랑스 한복판에서 벌어지는 구체적인 어떤 상황(특히, 파리의 인종차별적 게시물들)의 예는 암시적이지만, 이 책의 구체적이고 실천적인 의의를 명백히 보여줍니다. 그렇게 우리는 형이상학과 도덕만이 아니라 문학과 정치의 문턱에 있습니다.

동시대 문학과 정치

사르트르의 저작이 그의 시대와 세기의 중심에 있다면, 그 배경에는 무엇보다도 철학의 힘과 독창성이 있습니다. 이 점을 그의 정치 참여나 문학 작품, 외부의 철학적 영향으로 환원할 수는 없습니다. 그러나 일단 우리가 그의 독창성을 인식했다면, 우리는 또한 그가 새로운 철학적 순간, 문학 그리고 철학과 맺은 다양한 관계를 이해하려 할 수 있고 또 그렇게 해야 합니다. 이에 관해서는 이 장의 결론으로 간략하게 몇 마디 하겠습니다.

그가 동시대인들과 맺고 있는 철학적 관계는 실제로 새로운 토대 위에서 재인식되어야 합니다. 우선, 베르그송과의 단절이 어떻게 근본적인 철학적 명제를 배경으로 이루어졌는지, 그리고 어떤 면에서 이 단절이 타자의 거부와(예를 들어 순수한 지속이나 의식에서) 실존을 넘어선다고 주장하는 형이상학적 연구의 거부를 전제하는 새로운 철학적 문제 중 하나의 징후, 실존인지를 살펴보았습니다. 이어서, 특히 어떻게 사르트르가 하이데거와 그의 '차이를 드러내는지 주목하면서 사르트르가 어떻게 '현상학'에 다시 결부되는지 보았습니다. 카뮈, 메를로-퐁티 같은 그의 동시대인들과의 차이점에 대해서는 다음에 이어지는 장들에서 검토하기로 합니다.

우리는 이제 사르트르와 문학의 관계도 이해할 수 있습니다. 철학은 모든 인간에게 인간의 의식에 의해 의미가 세계에 부여된 것임을 보여주기 때문입니다. 따라서 철학은 주체적이며 동시에 상황에 놓인 문학의 본래적 기능, 자신과 타인에게 주어진 어느 한 순간에 세계와 자유를 전체화하는 문학의 본질적 기능을 성찰할 수 있게 해주기 때문입니다. 이후 사르트르의 저작들, 소설과 희곡뿐 아니라 참여 문학에 대한 에세이(『문학이란 무엇인가(*Qu'est-ce que la littérature?*)』(1947)와 보들레르, 주네, 플로베르에 관한 에세이가 이를 드러냅니다.

물론, 정치 문제를 제외할 수 없습니다. 1950년대에 자유가 직면하는 궁극적 차원은 존재와 세계라기보다는 역사와 정치라는 점이 사르트르에게 차츰 드러납니다. 그러나 이런 것들이 사르트르에게서 주체적·실존적 차이, 자유를 소멸시키지는 못합니다. 목표하는 총체성은 이제 같은 것도 아니고, 기획도 아닌 혁명이 되지만, 그럼에도 항상 이 총체성은 '비(非)-지식', 지식이 아닌 어떤 것과 사람들의 구체적 참여를 통해 객관성 혹은 사물화를 피합니다.

우리는 오늘날에도 여전히 '자유로운 존재가 되라는 선고'를 받았습니다. (FW)

2. 고문과 테러리즘: '피의 궤변'

제2차 세계대전의 참상 이외에 20세기 초에 태어난 철학자(사르트르, 메를로-퐁티, 카뮈) 세대에게 부과된 시험은 바로 반(反)식민 전쟁이었습니다. 이미 제2차 세계대전 이전에 앙드레 지드나 시몬 베유 같은 철학자들은 식민지 체제에 대항하여 식민지 토지 착취의 부당함뿐 아니라 본질적으로 비인간적인 식민 지배의 특성과 폭력성을 고발하는 목소리를 높였습니다. 그러나 식민 지배는 수십 년이 넘도록 유럽인들에게 그다지 충격적으로 받아들여지지 않았고, 제국의 조직과 그 진열장이었던 식민지 박람회 조직 또한 철학자들에게 합당한 분노를 일으키지 못하고 존속해왔습니다. 이를 받아들일 수 있는 것으로 간주하던 관용의 수위가 달라지고, 체제가 정당화될 수 없는 것으로 보이기까지는 식민지 해방 후 몇 년이 지난 뒤에도 상당한 기간이 필요했습니다. 그러나 이 모든 것은 알제리 전쟁과 함께 바뀌게 됩니다. 더는 회피할 수 없었던 의식에 한 문제가 강제되고, 다른 두 문제가 철학의 무대에 갑자기 등장했습니다. 오늘날까지도 우리는 이 세 가지 문제 중 어떤 것도 해결하지 못했습니다. 첫 번째는 인종주의요, 다른 두 문제는 고문과 테러입니다.

이 문제들을 철학적 성찰의 장으로 들여온 목소리 중에서 가장 탁월한 것은 바로 사르트르의 목소리였습니다. 그는 후일 『상황들(*Situations*)』 중 한 권에서 이 문제에 집중할 정도로, 식민 체제에 대한 가차 없는 비판을 일생의 중요한 투쟁 중 하나로 삼았습니다.[4] 인종주의에 관해서는 무엇보다도 이것이 부

---

4) Cf. Jean-Paul Sartre, *Situations,V, Colonialisme et néo-colonialisme*, Paris, Gallimard, 1964. 사르트르의 중층적 참여 중 이 부분을 강조하기로 선택한다. 비록 제2차 세계대전의 철학적 입장에 직접적으로 속해 있지는 않지만, 『존재와 무』에서 사르트르가 발전시킨 근본적인 철학적 입장들과 분리될 수 없다. 이 텍스트는 강의록이 아니라 이미 출간된 『글쓰기의 자질. 폭력의 시험에 놓인 문학과 철학(*La Vocation de l'écriture. La littérature et la philosophie à l'épreuve de la violence*)』(Paris, Éditions Odile Jacob, 2014)을 참고한다.

수적·이차적·우연적인 것이 아니라 존속을 위해 이런 이념을 조작하고 유지하는 식민지 체제에 본질적·불가분적 방식으로 연결되어 있다는 사실을 밝혀야 했습니다. 사르트르는 오늘날에도 유명한 1956년 『현대(Les Temps modernes)』에 수록된 소논문, 「식민주의는 체제다(Le colonialisme est un système)」에서 이 문제에 천착합니다. 소멸보다는 개혁(즉, 유지)에 호소하기 위해, 몹시 의심스러운 식민 본국 개척자들의 의식 변화에 모든 희망을 걸고 '알제리 문제'를 경제적·사회적·심리적으로 문제화하는 정도로 만족하는 분석에 반대하는 사르트르의 전략은 이중적이고 비타협적입니다. 우선, 사르트르는 식민 체제가 무자비한 난폭성과 수치심의 완벽한 부재를 바탕으로 수년에 걸쳐, 아랍인들과 베르베르인들을 희생시켜 토지 소유권을 소수 유럽인의 손에 쥐여주려는 광대한 약탈 기획의 결과라는 사실을 환기합니다. 실제로 식민 체제 구축에 관한 진상을 이토록 자세하게 묘사한 사례는 드뭅니다.

식민 체제는 자리를 잡았다. 식민 개척자들의 소비 능력을 길러서 본국의 산업이 그들에게 생산품을 팔 수 있게 하려고 프랑스 정부는 식민 개척자들에게 아랍의 토지를 넘기

고, 빼앗은 토지에서 나온 결실을 본국 시장에 판다.[5]

　　그의 분석은 식민주의 공식 담론(식민주의 이념)에서 영광스러운 것으로 간주하는 것들의 '탈신비화'로 이어집니다. 아무도 공화국의 학교에서 학생들에게 이런 것을 가르쳐야 한다고 요구하지 않던 50년 전, 사르트르는 식민주의의 '혜택'이라고 규정하던 것들, 예를 들어 필연적으로 '유익한' '본국 문화'의 전수 같은 것을 존속시켜서는 안 된다고 주장했습니다. 체제의 개조 따위를 할 수 없다는 것입니다. 체제를 유지하려면 끊임없이 보강해야 하므로 체제는 계속해서 강경해질 수밖에 없습니다. 바로 이런 이유로 인종주의는 식민 체제의 논리적 귀결이 됩니다. 식민 체제에서는 식민지 사람들이 본국 사람들과 동등한 권리를 누릴 수 없으므로 그들은 당연히 하급 인간으로 취급받게 됩니다. 다음 해에 사르트르가 알베르 메미(Albert Memmi, 1920-)의 책 『식민지인의 초상. 식민 지배자의 초상(*Portrait du colonisé. précédé de Portrait du Colonisateur*: Préface de Jean-Paul Sartre)』(1957)에 관해 썼던 글처럼 분석을 더 진전시켜야 합니다. "식민주의적 변형 행위가 야기하고, 매 순간 식민

---

5) Sartre, «Le colonialisme est un système» in *Situations, V*, op. cit., p. 32.

주의 기제가 생성하고, 생산관계가 뒷받침하는 인종주의가 이미 여기에 있다."라는 것이 사실이라면, 전체 체제에는 다른 해결책이 없다는 사실, 즉 근본적으로 사람들을 두 부류로 나누고 이런 차별을 유지하겠다는 목적밖에 없다는 사실을 이해해야 합니다. 메미에 이어 사르트르는 주인과 노예의 헤겔적 변증법을 식민지 상황에 적용합니다. 체제 없이는 아무것도 아니므로 식민지 개척자가 본국 체제에 매일 조금씩 더 동화되어야 하는 상황에서 모든 것은 식민지인의 비인간화에 이바지할 수밖에 없습니다. 그는 자신이 억압하는 사람들에게 점점 더 의존적이 되고, 착취와 비인간화가 상호 연동하여 그들을 예속시키는 끝없는 악순환에 점점 더 철저하게 갇히게 됩니다. 이처럼 폭력은 필연적입니다. 원칙적으로 어떻게든 폭력을 피하고자 하는 사람들은 아무런 변화도 가져오지 않고, 아무에게도 도움이 되지 않거나 도덕적 안일함을 유지하는 사람들에게만 유익한 행동을 계속하므로 사실상 폭력적인 상태 유지에 이바지하는 셈입니다.

비-폭력을 참여를 원칙으로 삼는 '휴머니스트들'에 대한 사르트르의 거의 노골적인 비판은 『반항하는 인간(*L'Homme révolté*)』(1951) 출간 이후 사이가 나빠진 카뮈에게 상당히 불편

했습니다. 알제리 전쟁 중에 두 철학자가 보여준 각기 다른 입장은 고문과 테러리즘 문제로 명백히 드러났고, 이로써 그들의 단절은 확고해집니다. 고문과 테러를 규탄해야 할까요, 아니면 정당화해야 할까요? 대립하는 두 세력이 모두 '피에 호소하는 방법' 말고는 어떤 가능성도 보이지 않을 때 어떻게 입장을 정할 수 있을까요? 1957-1958년 피에르 비달-나케(Pierre E. Vidal-Naquet, 1930-2006)의 『오딘 사건(*L'Affaire Audin*)』(1957-1978)은 차치하고라도 피에르 앙리 시몬(Pierre-Henri Simon, 1903-1972)의 『고문에 반대하여(*Contre la torture*)』(1957), 앙리 알레그(Henri Alleg, 1921-2013)의 『질문(*La Question*)』(1958) 등 고문에 관한 많은 에세이가 출간됩니다. 사르트르 또한 몇 달 간격으로 고문에 관한 고발 에세이 두 편, 『현대』에 「당신들은 대단합니다(Vous êtes formidables)」와 『엑스프레스(*L'Express*)』에 「어떤 승리(Une victoire)」를 발표합니다. 그는 무엇보다도 먼저 고문이 의미하는 수치심을 강조합니다. 고문은 체제가 위협받을 때 그것이 자행되는 현실을 목격하는 국민을 끌어들일 위험을 무릅쓰고 어쩔 수 없이 의지하는 수단이 되고, 국민은 몰라서, 막을 수 없어서, 혹은 그러길 원치 않아서 어쩔 수 없이 동의하도록 강요되는 극단적인 폭력에 대한 예증입니다. 고문은 각각의 개인을 그가 거기 속한다고 가정하는, 혹은 그것과 동일시하는 공동체, 즉 그가 속한 국가의 이름으로 자행된 범죄의 공범자로 만들어버립니다. 그리고 각자는 차라리 모르는 편이 낫기에 모르는 척합니다. 아무것도 보지 않는 편을 택했으므로 증거가 없는 척합니다. 사르트르 분석의 모든 관심은 참담한 '도덕적 타락'을 비판하면서 이를 조장하는 전략, 즉 보편화된 살인에 대한 동의(암묵적 동의를 포함해서)를 치밀하게 조직화하는 전략에 대한 비판에 집중합니다. 아무도 고문에 관해 들어보지 못했다고 말할 수는 없겠지만, 적어도 증언에 맞는 증거를 찾아서 보여주기까지는 많은 이가 수집된 증언의 신뢰성을 고집스럽게 의심합니다. 고문에 이보다 더 유리할 수는 없을 것입니다. 보편적인 방식으로 교묘하게 유지된 이런 의심보다 더 확실하게 모든 폭력의 안식처가 되는 것은 없을 것입니다. 게다가 바로 이런 식으로 경계심과 일반화된 의심이 생긴다는 것이 놀랍지 않습니다. '누가 무엇을 아는가?' '누가 무엇에 동의하는가?' '누가 어떤 범죄에 가담하며, 누구와 공모하는가?'

거짓말, 그리고 거짓말 훈련이 바로 여기 있다. 그렇다. 증거가 없으므로 아무것도 믿을 수 없지만, 그렇다고 증거를 찾지도 않는다. 왜냐면 의도치 않게 우리는 알고 있기 때문이다. 도덕적 타락을 조장하는 자들은 무엇을 요구하는가? 구실로 삼을 무지. 그리고 점점 더 우리를 타락시켜 매일매일 우리가 비판해야 할 자들과 가까워지게 하는, 점점 더 용서할 수 없게 되는 무지, 바로 이것이다.[6]

실제로 사람들은 고문 자체보다는 이에 대한 수치스러운 앎에서 무력해서 고문이 일상화되지 못하게 이를 고발하고 금지해야 한다고 주장하지 못합니다. 나치즘이 몰락하고 게슈타포의 지하 취조실이 사라진 지 15년 만에야 고문에 대한 동의 문제는 비로소 진정한 시험이 됩니다. 어제의 피해자들(레지스탕스에서 고문의 고통을 알게 된 '민중')이 고문관으로 변할 수 있다면, 이렇게 번갈아 비인간으로 전락할 운명의 인간 본성 깊숙이 뿌리내린 '피의 호소'[7]에 대해 아무것도 할 일이 없을지도 모르기 때문입니다. 바로 여기서 허무주의의 어둠이 드리운 끔찍하게 견디기 힘든 질문들이 생깁니다. '만약 비인간성이 인간의 진실이라면?' 사르트르 분석의 저력은 불가분하게

---

6) Sartre, «Vous êtes formidables», in *Situations, V*, op. cit., p. 62-63.

7) Sartre, «Une victoire», in *Situations, V*, op. cit., p. 76.

윤리적·정치적인 고문의 문제와 이 궁극적인 질문을 통합하는 데 있습니다. 그러나 이는 사르트르가 "비인간성의 심연"에 대한 현혹이라고 부르는 것에서 이 질문을 곧바로 도출하여 사유와 비판 영역에 제자리를 찾아주기 위한 것입니다. 고문에서 인간 본질에 대한 결론을 끌어낼 필요는 없습니다. '대장의 어린 시절'을 분석하듯이, 고문자들을 생산하는 메커니즘을 해부하는 것이 낫습니다. 고문의 '인습'은 개인의 일이라기보다 인종주의가 가장 먼저 그 특징으로 나타나는 증오 생산의 복합적 산물임이 밝혀집니다.

인종주의와 고문! 사르트르는 따로 이름 붙이지 않은 채 살인에 대한 동의의 처음과 끝을 이렇게 정확하게 묘사한 것은 아닐까요? 그렇다면 폭정에 대해서는, 맹목적으로 사람들을 죽이는 테러리즘에 대한 공포에 관해서는 뭐라고 말할까요? 식민 개척자들에 대항하여 행사하는 유혈 폭력은 정당화될 수 있을까요? 프란츠 파농(Frantz Fanon, 1925-1961)의 『대지의 저주받은 사람들(Les damnés de la terre)』(1961) 서문에서 사르트르는 이런 경향의 끔찍한 말들을 쏟아냅니다. 그는 프란츠 파농의 분석을 이어가면서, 유럽이 그 선도적 역할을 했으나 유럽 식민지에서는 지지부진했던 휴머니즘적 가치들의 고갈을 인정하고, 거기서 결론을 도출합니다. 식민 체제가 지배를 '열등한 인종의 예속화'[8] 계획을 실현하는 데 모든 폭력을 허용하므로 식민 개척자들이 그들의 생존을 위해 의존하는 식민지인들을 두려워하고 증오하게 되어 장기적 진행 과정에서 보면 '끔찍한 충동, 살인 욕구'[9] 등 그들이 일으킨 증오의 요인이 식민 개척자들로부터 돌아서 그들에게 대항하는 것을 피할 수 없습니다. 사르트르는 이런 단계의 마지막, 즉 학살 단계까지 묘사합니다. 결국, 모든 문제는 사르트르의 이런 묘사가 차지하는 중요성입니다. 해방 운동의 필요성과 폭력에 호소하는 논리를 분석하고 이해하는 것과 이를 정당화하거나 주장하고, '피의 갈구'에 굴복해서 살인에 대한 호소를 고무하는 것은 서로 다른 문제이기 때문입니다. 사르트르가 식민지인이 해방의 힘과 해방된 인간으로서 '피'를 '선택'할 수 있는 유일한 방법으로 인정하고 지지했듯이 모든 수단은 정당화될 수 있을까요?

투사의 무기는 그의 인간성이다. 왜냐면 항거 초기에는 죽여야 하기 때문이다. 한 명의 유럽인을 죽이는 것은 일거

---

8) Sartre, «Les damné de la terre», in *Situations, V*, op. cit., p. 178.
9) *Ibid.*, p.179.

양득, 압제자와 피압제자를 동시에 없애는 일이다. 한 명의 죽은 인간과 한 명의 해방된 인간이 남는다. (…) 폭력의 아들, 그는 매 순간 폭력에서 그의 인간성을 길어 올린다. 우리는 그에게 의존했고 그는 우리를 대가로 인간이 된다. 다른 인간, 가장 탁월한 자질.

여기서도 역시 사르트르의 과격성에는 암암리에 카뮈를 향한 비판이 포함돼 있습니다. 폭력에 대한 카뮈의 원칙적 거부가 내면적으로는 '고상한 영혼'을 자신이 규탄하는 체제에 대한 은밀한 인정으로 몰아가는 것은 아닌지, 사르트르는 의심하지 않을 수 없었습니다. 사실상 그들의 입장은 양립할 수 없었습니다. 1958년 카뮈는 거의 20년 가까이 알제리에 관해 써온 글들을 모아서 '알제리 연대기'라는 부제가 붙은『시사평론 세 번째』책을 출간합니다.[10] 많은 점에서『대지의 저주받은 사람들』서문은 이 책과 그 머리말에 대한 대답입니다. 카뮈는 사르트르가 받아들일 수 없는 무엇을 말했을까요? '알제리의 미래'라는 핵심 문제를 두고 두 사람은 이미 의견이 달랐습니

---

10) Camus, *Actuelles III, Chroniques algériennes 1939-1958*, in *Œuvres complètes*, tome IV, Paris, Gallimard, 2008, coll. «Biblio- thèque de La Pléiade», p. 293-394.

다. 사르트르는 독립 이외에 어떤 해결책도 없다고 생각했지만, 카뮈는 프랑스령 알제리를 유지할 수 있게 할 식민지 체제의 전반적인 개혁 가능성을 믿고 싶어 했습니다. 게다가 두 사람이 이 나라와 이 나라의 다양한 주민에게 똑같은 애착을 느낄 수 없었던 것도 사실이며 또한 알제리에서 태어나고 자란 카뮈가 자신의 개인사와 무관하게 사유할 수도 없었습니다. 이런 점들은 우리가 알고 있듯이 많은 오해의 근원이었습니다. 그리고 이런 연관들이 카뮈가 잘 알고 있었고 게다가 누구보다도 먼저 부당함을 고발했던 체제의 불가분적 폭력을 과소평가하게 했는지는 여전히 생각해볼 문제로 남습니다.

그런데 피의 법과 피의 갈구, 폭력의 세기를 지탱한 또 다른 것, 그리고 본질을 건드리는 또 다른 무언가가 있습니다. 사르트르와 마찬가지로 카뮈에게도 고문뿐 아니라 시민에 대한 모든 형태의 억압을 한 치의 망설임도 없이 규탄하기에 충분히 강경한 말이 없었습니다. 어떤 것도 이 사실을 정당화할 수 없을 것입니다. 이와 연관된 모든 동의, 침묵, 도덕적 무분별, 그리고 이런 것들을 결국 '받아들이고', 감추고, 모르는 척하게 할 검열은 스스로 보존하려는 것마저도 파괴해버리는 파괴적 허무주의의 지배를 받습니다. 우리가 이미 살펴본 것처럼 사르트르는 『상황』에서 이것을 '도덕적 타락'으로 규정합니다. 그리고 이것은 도덕적 고려에 대한 그의 유일한 언급입니다. 그러나 카뮈는 더 멀리 나아갑니다. 카뮈는 『반항하는 인간』에서 밝혔듯이 살인을 정당화하는 모든 주장을 원칙적으로 거부하고, 테러리즘에 대항해서 '무제한 전쟁'을 옹호하는 사람들뿐 아니라 '반대 논리로' 폭탄 테러범들에게 공공연한 혹은 암묵적 호의를 보이는 사람들이 표방하는 '눈에는 눈, 이에는 이를 주장하는 탈리온 법'을 인정하지 않습니다. 바로 이런 차이가 두 철학자의 입장을 가릅니다. 사르트르가 인정할 수 없었고 끊임없이 이의를 제기한 것이 카뮈 사유의 핵심을 이룹니다. 카뮈는 고문에 대한 거부와 테러에 대한 거부를 같은 맥락에 놓습니다.

이 책에서 보겠지만, 나는 우리가 효과적이고자 한다면, 이 두 가지 규탄은 서로 분리될 수 없다는 사실을 끊임없이 말해왔다. (…) 진실은, 아, 슬프게도, 우리 중 한쪽이 어떤 의미에서 아랍인들이 참수하고 훼손할 권리를 얻었다고 막연히 생각하고, 다른 한쪽도 이를테면 모든 과도함의 정당성을 인정한다는 것이다. 각자가 자신을 정당화하려고 반대쪽의 범죄를 근거로 삼는다. 내 생각으로는 바로 여기에 지식인이 스스로 무기를 들지 않을 수 없게 하는 피의 궤변이 있다.[11]

피의 궤변! 아마도 이것은 역사와 정치가 철학자에게 파놓은 가장 끔찍한 함정 중 하나일 것입니다. 그리고 피해자와 고문자에게 특정한 정체성을 부여하면서 외양을 본질화하는 것보다 더 확실하게 함정에 빠지게 하는 방법은 없을 것입니다. 특정한 정체성의 첫 번째 효과는 폭력이 파괴하는 것의 환원될 수 없는 유일성을 거부한다는 점입니다. 언제나 '식민지 개척자들' '식민지인들'과 같은 지극히 일반적이고 총체적인 개념으로 말하는 사르트르에 맞선 카뮈 분석은 바로 이 점을 강력하게 환기합니다. 카뮈는 획일적으로 모든 아랍인을 '학살자'로, 모든 식민 개척자를 '착취자'로 규정하고 간주해서는 아무것도 해결할 수 없다고 말합니다. 이런 일반화는 언제나 정의를 무너뜨리는 '피의 법'이 펼치는 술책입니다. 50년이 지난 지금도 이 교훈에는 여전히 귀 기울일 가치가 있습니다. (MC)

---

11) Camus, *Actuelles III, Chroniques algériennes*, op. cit., p. 300.

II 카뮈와 메를로-퐁티

1. 부조리, 반항, 세계

이 책에서 우리가 공부하는 철학자들을 특징짓는 것, 더 정확히 말해서 이 저자들을 철학자로서 특징짓게 하는 것은 그들에게 부과된 '정치의 시험'이 개인 의견이 아니라 그들의 철학적 사유에 마땅히 근거를 두고 있다는 사실입니다. 다시 말해 우리는 그들이 근거를 둔 원칙을 반영하는 철학적 명제를 다른 가능한 명제들과 비교하고 검토하면서 그들의 사유를 논증해볼 것입니다.

그러나 이런 이유로 철학자들은 독립적으로 이해해야 할 그들만의 독창적인 사고를 공들여 가다듬는 동시에 (단지 정치적 쟁점에 관해서만이 아니라) 다른 사람, 사고와 관계를 맺거나 대립하면서 자신의 저작을 고심하여 완성합니다. 따라서 그들을 비교하는 일은 이 구도를 파악하는 데 필수적이며 그들의 철학에 대한 전체적 이해가 됩니다.

책의 서두에서부터 우리와 함께한 철학자와 더불어 이 장에서 공부할 두 철학자의 관계가 바로 그런 경우입니다. 이들은 각자 개인적으로도 유명하지만, 각기 사르트르와 맺고 있는 관계 때문에도 가장 유명한 20세기 프랑스 철학자 집단에 속합니다. 이들은 바로 알베르 카뮈와 모리스 메를로-퐁티입니다.

우선, 분명히 정치적인 이유로 이들과 사르트르의 관계는 20세기 중심에 있습니다. 이를테면 우리가 언급한 문제들이 동기가 되어 두 사상가와 사르트르는 깊은 우정을 나누었다가 돌이킬 수 없는 단절을 겪습니다. 그러나 이는 일부이고, 무엇보다도 카뮈와 메를로-퐁티가 사르트르와 공유한 것은 우리의 존재 원칙과 연관된 철학적이고 형이상학적인 문제입니다. 다시 말해 '실존'의 문제 자체입니다!

이 두 철학자가 사르트르는 물론이고 다른 몇몇 철학자와 함께 제기하고 공유한 실존의 문제는 하나의 사조를 이루었고 '실존주의'라는 이름으로 불리게 됩니다.

실존주의를 이해하고자 한다면, 실존주의의 기반이 되는 문제, 즉 '실존'의 문제로 돌아와야 합니다. 카뮈와 메를로-퐁티는 사르트르와 실존 문제를 공유하기는 하지만, 이에 대해 같은 답을 제시하지 않고, 그들 사이에는 철학적 연관만큼이나 대립이 존재하며 바로 이 부분이 그들의 도덕적 차이, 나아가 정치적 차이를 설명해준다는 사실에 주목할 것입니다.

그러나 조금 더 명확하게 할 필요가 있습니다. 카뮈와 메를로-퐁티는 사르트르와 무엇을 공유할까요? 그리고 무엇이 그들을 갈라놓을까요?

카뮈와 메를로-퐁티는 사르트르에게서 '실존' 개념을 차용하는 것 같지만, 사실 그들은 그 의미와 내용을 바꿔놓았습니다. 실존이 의식과 숨겨진 토대가 없는 세계의 대면을 가리킨다는 점에서 카뮈와 메를로-퐁티는 이 용어를 받아들입니다. 사르트르는 세계의 성격을 '우발성'으로, 카뮈는 '부조리'로, 메를로-퐁티는 '무-의미'로 규정했습니다.

그러나 그들은 이 용어의 의미, 특히 세상을 마주한 의식의 의미를 각기 다르게 해석합니다. 사르트르에게 의식은 우발적·집단적·전체적 세계에 직면한 아무것도 아닌 것, 순수한 무와 순수한 자유일 뿐입니다. 그러나 카뮈와 메를로-퐁티는 각자 다른 방식으로 이런 사고를 거부합니다. 그들에게 의식은 아무것도 아닌 것, 순수한 무가 아닙니다. 그리고 이런 차이에서 모든 것이 달라집니다. 의식의 본질이 달라지고, 더 나아가 의식과 존재, 의식과 세계가 맺은 관계의 본질도 각자의 방식에 따라 달라집니다. 그러나 이런 사유의 결과에 따라, 바다와 태양의 작가인 카뮈와 몸의 철학자, 그림과 세계의 살의 철학자 메를로-퐁티는 다시 서로 가까워집니다.

이런 사실들이 우리의 사고 방향을 미리 보여줍니다. 우리는 카뮈에 이어 메를로-퐁티가 각각 의식에 부여한 의미를 살펴보고, 이것이 두 사람에게 존재와 세계의 감각적 만남, 미학적·윤리적 존재 방식, 분노와 행복, 비통과 기쁨 자체인 실존의 어떤 것을 어떻게 바꿔놓는지 살펴보겠습니다.

카뮈, 부조리와 반항

우선, 카뮈의 가장 유명한 소설 『이방인(*L'Étranger*)』(1942)이 출판되고 희곡 『칼리굴라(*Caligula*)』(1938)가 상연된 1942년에 그는 『시지프스 신화』 또한 출판합니다. 이때는 물론 제2차 세계대전이 정점에 있었습니다. 『시지프스 신화』의 결정적인 문장을 인용하는 것으로 시작해봅시다.

나는 세계가 부조리하다고 말했다. 너무 빨리 그랬다. 이 세계는 그 자체로는 합리적이지 않다. 이것이 세계에 대해서 말할 수 있는 전부다. 그러나 부조리한 것은 인간 내면

깊은 곳에서 울리는 진리를 향한 격렬한 욕망과 이 불합리
의 대면이다.[1]

그는 덧붙입니다.

척도 없는 세계, 나의 확실치 않은 시도들이 속행되는 이
세계에서 이것이 내가 명확히 파악할 수 있는 전부다.[2]

쟁점이 보입니다. 사르트르(와 메를로-퐁티)처럼, 카뮈에게
세계는 의미 없고, '합리적'이지 않으며, 근거도, 설명도 없습
니다. 그러나 이 사실만으로 세계가 '부조리'해지는 것은 아닙
니다. 놀라움뿐 아니라 이미 울분, 거의 분노가 함께 울리고 있
는 이 형용사로 세계를 규정하도록 하는 것은 다른 것입니다.
부조리는 이런 세계 속 인간(어떤 의식, 자유 혹은 사르트르처럼
말하자면 세계에 부여하는 의미를 '선택하는' 무일 뿐 아니라), 명
료한 무언가에 의해 규정되고 선택하지 않지만 오히려 의미를
향한 '격렬한 욕망', '의미의 요구'를 유지하고 존중해야 하는

1) Camus, *Le mythe de Sisyphe*(1942), in *OEuvres*, Gallimard, "Quarto", 2013, p. 267.
2) *Ibid.*

인간의 성질입니다. 분명히 이런 요구는 답을 얻지 못하고 무의미합니다. 하지만 이런 사실이 이 요구가 의미의 요구로서 존속하는 것을 막을 수는 없습니다. 이처럼 피하지 않으면 심각한 결과를 낳는 '두 가지' 오류가 있습니다.

첫째는 역사의 형이상학, 신학, 역사의 철학, 그리고 모든 교조주의가 주장했던 것처럼, 세계와 인간의 존재에 어떤 의미가 있다고 믿는 오류입니다. 하지만 그런 것은 없습니다.

둘째는 존재가 아니라 무, 존재론이 아니라 허무주의, 이런 전복된 교조주의가 주장했던 것처럼, 이 세계에 의미가 없다는 사실이 의미의 요구와 인간 존재의 존엄을 소멸시킨다고 믿는 오류입니다. 의미 요구는 존재하고 '지속되어야' 합니다. 의미의 인간적 요구 외는 어떤 것도 의미가 없습니다. 이것으로 모든 것을 다시 시작하기에 충분합니다. 게다가 카뮈의 '철학'은 그의 엄격성에서 보자면 여기서 멈춰야 합니다.

그런데 그렇지 않다면 두 가지 이유로 그렇습니다. 카뮈의 철학은 인간의 삶에서 이 두 오류의 결과들을 비판해야 합니다. 나아가 그의 사유는 이제 세계에 마주해서뿐 아니라, 악과 부정의에 맞서서 예기치 못하게 확대된 부조리와 맞닥뜨립니다. 그리고 반항은 부조리와 형이상학적 성격을 공유하지만,

이를 윤리적·정치적 측면에서 공유합니다.

두 오류의 결과는 끔찍합니다. '너무 급한 사고'는 '논법'의 오류를 범하게 하고 '논리에 의한' 비극으로 몰고 갑니다. 즉 그 준거는 사건으로서의 죽음이 아니라 추론에서 발생한 행위인데, 예를 들자면 1942년의 에세이 「자살(suicide)」과 『반항하는 인간(*L'Homme révolté*)』(1951)에서 살인입니다.

반대로, 비록 우리가 의미의 요구에 답할 수 없을지라도 이를 무시해서도 안 됩니다. 의미의 요구는 어떤 답을 가지고 있는 존재에게가 아니라(왜냐면 그런 것은 없으므로), 질문하는 존재에게로 향한 것이기 때문에 세계 속에서 그의 자리에 존엄과 가치를 부여하기 충분합니다. 인간의 경험 자체에서 '감각적' 경험은 드러내지 않은 채 의미의 요구에 답할 것입니다. 카뮈의 목적은 일단 의미의 요구로서 인간의 실존을 인정하면, 세계의 유일한 의미, 즉 우리의 감각에서 세계를 받아들일 수 있다는 것을 보여주는 데 있습니다.

풀과 별의 향기, 밤, 마음이 안정되는 몇몇 저녁, 내가 그 위력과 힘을 느끼는 이 세계를 어떻게 부인할 수 있겠는가?[3]

---

3) *Ibid.*, p. 265.

이 같은 것이 반론으로 시작한 부조리가 곧이어 합류하게 되는 경험입니다. 그러나 합류에 앞서 부조리와 같은 양면성을 지녔지만 이번에는 불의(또한 전쟁 후와 『존재와 무』 이후)에 직면한 반항을 먼저 살펴보아야 합니다.

반항하는 인간은 누구인가? '아니다!'라고 말하는 인간이다. 그러나 그는 거절하지만 포기하지 않는다. 그는 또한 그의 첫 번째 움직임에서부터 '그렇다'고 말하는 인간이다. (⋯) 말하는 순간부터, 심지어 아니라고 말하면서도 그는 욕망하고 판단한다.[4]

그러나 카뮈는 형이상학적으로 이보다 더 멀리 나아갑니다.

최소한, 그리스인들이 그렇게 생각했던 것처럼, 그리고 동시대 사고의 가설과는 반대로 반항에 대한 분석은 인간적인 기질이라는 것이 있는가 하는 의심으로 이끈다.[5]

4) Camus, *L'Homme révolté*(1951), in *OEuvre*, op., cit, p. 854.
5) *Ibid.*, p. 861.

그러나 이 기질은 성스러운 것이 아니라 다만 역사적·정치적·집단적일 뿐입니다.

반항은 인간의 본질적 영역 중 하나다. (…) 반항은 우리의
역사적 현실이다. 인간 사이의 연대는 반항 운동 위에 형성
된다. 나는 반항함으로써 우리다.[6]

이 유명한 문장은 바로 이 점을 명료하게 말하고 있습니다. 존재의 부조리는 의미의 요구이며 불의의 거부, 동시에 인정이라는 인간적 현실과 충돌합니다. 그 이상도 '저 너머'도 아니지만 그렇다고 그 이하도 아닙니다. 즉, 반항은 바로 인간의 현실입니다. 바로 이 점이 차이점입니다.

실존은 존재와 무의 대면이 아니라, 한편으로 세계와 존재, 다른 한편으로 존재와 인간의 요구, 거부, 기쁨의 대면입니다. 바로 여기서 우리는 『페스트(*La Peste*)』(1947)의 서정성과 마주한 『결혼(*Noces*)』(1939)의 서정성을 짐작할 수 있습니다. 그러나 이 문제를 다루기 전에, 실존의 문제에 대한 메를로-퐁티의 매우 가깝고도 다른 대답을 살펴봅시다.

---

6) *Ibid.*

자유, 지각, 몸: 메를로-퐁티

1945년 모리스 메를로-퐁티는 자신의 주저인 『지각 현상학(La Phénoménologie de la perception)』을 펴낼 때 2년 앞서 나온 사르트르의 저서를 염두에 두어야 했습니다.

사르트르에 대한 대답으로 메를로-퐁티가 책의 끝 부분에 '자유'에 관한 장을 더하면서 이 관계가 드러납니다. 그런데 이 추가된 장은 또한 책 전체의 출발점, 즉 '지각'과 의식에 기반한 출발점은 물론, 한 걸음 더 나아가 '몸'을 상정하고 있습니다. 왜냐면 지각은 항상 세계 속에서 형성되고 '체현'되기 때문입니다.

이번에도 우선은 사르트르의 주장에 대한 이의 제기이지만, 또한 앞서 인용한 카뮈의 글과 대칭적이기도 한 대목을 인용해봅시다. 아래는 『지각 현상학』의 결정적인 대목입니다.

처음에 우리가 이에 따라 자유를 정의했던 영속적인 분리, 단지 세계에서 보편적 참여가 내포한 부정적 측면은 아닌지, 결정된 것 각각에 대한 우리의 무관심은 단지 이 모든 것에 대한 투자를 표현하는 것은 아닌지, 우리가 기점으로 삼은 이미 형성된 자유는 세계의 몇몇 명제를 계승하지 않

고는 결국 주도적 힘으로 변환 될 수 없는 것은 아닌지, 마
지막으로 구체적이고 실질적인 자유는 이런 교환에 있지
않은지, 우리는 질문하게 될 것이다.[7]

우리는 여기서 사르트르에 대한 분명한 반론을 봅니다. 자
유는 세계 속에 '거점' 없는, 순수한 떼어짐, 떨어져 나옴이 될
수 없을 것입니다. 자유는 세계 외부적인 어떤 것이 아니며 자
유를 구성하는 관계에서 이해되어야 합니다. 이 장에서 메를
로-퐁티는 자유가 고립되어 존속할 수 없고, 타자에게 근거를
둔다는 사실을 보여줍니다. 그도 사르트르처럼 고문당한 레지
스탕스의 의미심장한 예를 듭니다.

실토하게 하려고 사람을 고문한다. 만일 그가 캐내려는 이
름과 주소를 알려주기를 거부한다면, 그것은 '존재 속 지
지 없이' 고독하고 의지할 데 없는 결정에 따라 그러는 것
이 아니다. 결국은 오롯한 의식이 고통에 저항하는 것이 아
니라, 수감자가 동지들과 그가 사랑하는 이들과 함께, 그가

7) Merleau-Ponty, *Phénoménologie de la perception*(1945), *OEuvres*, Gallimard, "Quarto", 2010, p. 1144.

느끼는 그들의 시선 아래 그러는 것이다. (…) 우리는 세계, 그리고 다른 사람들과 뒤얽힌 혼돈 속에 있다. 상황의 개념은 우리의 정치적 참여의 기원에서 완전한 자유를 배제한다. 또한 참여의 끝도 배제한다. 어떤 참여도 (…) 내가 모든 차이를 넘어서게 할 수 없고 내게 전적인 자유를 주지도 않는다.[8]

이것은 차후의 정치적 견해차 또한 잘 설명해줄 메를로-퐁티가 사르트르에게 보내는 대답입니다. 그러나 이 답 또한 하나의 철학, 우선적으로 지각의 철학에 근거합니다. 지각의 철학은 무엇보다도 무와 존재의 순수한 관계, 있는 그대로의 의식과 정해진 형태 없이 완벽하게 의미 없는 사물의 순수한 관계가 아니기 때문입니다. 물론, 메를로-퐁티의 현상학은 전통적 이분법을 넘어서는 방향으로 전개되지만, 동시에 구체적인 의식에 근거해, 의식을 세계로부터 단절하려는 이분법도 넘어섭니다. 지각한다는 것은 지각 주체가 소속된 세상에 있는 것, 그 세상에서 메를로-퐁티가 '게슈탈트' 이론가들에게서 빌려온 이론에 따라 인지한 '형태'를 도출하는 것입니다.

8) *Ibid.*, p.1160-1161.

이처럼 이 책의 전개는 지각 이론과 자유 이론 사이에서 모든 실존의 영역, 특히 몸, 타자, 시간의 영역을 재발견하는 과정입니다. 우리는 이런 관계와 뒤섞임을 여기저기서 찾을 수 있습니다. 메를로-퐁티 또한 이 '모호함'에 대해 (모호하게) 말합니다. 나중에 미완으로 남아 있는 저작『가시적인 것과 비가시적인 것(Le Visible et l'invisible)』(1964)에서 그는 더 정확하고 깊이 있게 이 '가역성(可逆性)'에 관해 말합니다.

특히, 몸에 관한 부분에서는 이동하고 지각하는 '고유한' 몸의 세계로부터의 분리를 보여줍니다. 몸은 무언가가 아니라 몸은 '체험됩니다.' 그러나 우리의 코기토(cogito, 생각 자체)와 의식은 몸에서 독립적으로 스스로 인지할 수 없고, 몸에 의해서 '세계에', 인간 사이에 있으며, 시간 자체도 순수한 거리일 뿐 아니라 또한 두께와 삶이 됩니다.

사르트르와 매우 다르고, 또 다른 이유들로 카뮈와도 다른 그의 견해는 이 마지막 대목이 말하듯이 어떤 분명한 점, 즉 세계와 인간 혹은 의식 사이의 근원적 차이뿐 아니라 역시 중요한 이들 사이의 즉각적인 관계를 환기합니다.

감각과 예술

우리는 여기서 '문제'라고 부르는 것, 실존의 '신비'라고 부르는 것에 대해 조금 더 잘 이해하게 됐습니다. 서로 주어진 하나의 의식과 하나의 세계는 그 너머 어떤 기반도 없이 그들 관계에서 하나의 의미를 되찾습니다. 이제 우리는 이 두 가지 개념과 그들 관계에 관해 사유하는 다양한 방법도 더 잘 이해할 수 있게 됐습니다. 마치기 전에, 감각적 경험과 예술의 문제를 통해 이 부분에 다시 한 번 주의를 기울이기로 합니다.

『존재와 무』마지막 부분에서 사르트르도 감각에 관해, 의식과 세계의 총체적 관계로서 감각의 성질에 관해 사유합니다. 하지만 의식은 모든 것에 의미를 부여하는 '아무것도 아님'이므로 사르트르에게 감각은 접촉이 아니라 여전히 (단순한 심리적 투사와 혼동하지 말아야 하는) 기획입니다. 내가 세계를 느끼는 방식은 내 자유와 선택의 표현이지, 나의 현실과 다른 어떤 현실과의 접촉이 아니며 여전히 '나와 다른 사람들'을 위한 의미입니다. 이런 의미를 표현하고, 주어진 것이 아니라 언제나 자유롭고 역사적인 선택을 전달하는 문학은 사르트르에게 근본적인 예술로 남아 있을 것입니다.

이 문제에 관해 카뮈와 메를로-퐁티의 생각을 요약자면,

이들에게 의식은 세계를 마주하거나 자유롭게 자신의 존재를 증명하게 할 뿐 아니라 감각과 예술을 통해 자신과 세계를 연결하게 합니다. 카뮈는 모든 인간이 공통으로 느끼는 아름다움이나 사랑처럼 부조리와 분노의 감정도 존중해야 한다고 말합니다. 그는 노벨상 수상식 연설에서까지 이런 이중의 책무를 말하고, 그의 문학도 이중의 서정성, 의분과 아름다움, 사랑을 품고 있습니다. 메를로 퐁티에 의하면 의미를 지각에서 표현해야 하며 또한 역으로(예를 들면 퐁티가 그에 관해 많은 글을 쓴 세잔도 그렇지만, 그보다 훨씬 앞서 라스코 벽화를 그린 원시인도), 화가가 '본인의 몸에 주의를 기울이는' 것처럼 지각을 의미로 가져와야 합니다. 그의 생전에 출간된 마지막 책, 『눈과 정신(*L'Œil et l'esprit*)』(1961)은 제목이 말해주듯이 이 점을 환기합니다.

마지막으로, 실존주의는 세 명의 철학자로 요약할 수 없다는 점을 강조해야겠습니다. 예를 들어 초기 레비나스의 철학이 있고, 프랑스에 실존 철학을 들여온 장 발(Jean Wahl, 1888-1974)의 사유가 있습니다. 이들 사유는 차이 혹은 의식과 세계의 접촉을 강조하면서 이 문제에 답을 제시합니다. 레비나스의 초월에 대한 천착, 자연과의 접촉에 관한 장 발의 사유, 한쪽에는 윤리, 다른 한쪽에는 시…. 그것이 무엇이든 이런 차이는 부차적이지 않다는 점을 강조합니다. 이런 차이는 형이상학적 문제를 제기할 뿐 아니라 윤리적·역사적·정치적 긴장으로 이어지고, 바로 이런 긴장이 우리가 여기서 연관 지었던 카뮈와 메를로-퐁티를 갈라놓습니다. (FW)

2. 쟁점이 된 폭력

역사의 의미, 역사의 흐름은 폭력적인 행위를 정당화할 수 있을까요? 제1차 세계대전 이후 스탈린 체제의 끔찍한 현실을 고발하는 증언들이 유럽에 알려지기 시작할 무렵, 이 문제는 사르트르, 메를로-퐁티, 카뮈 사이에 논쟁을 불러일으킵니다. 이들 사이 우정은 돌이킬 수 없이 무너지고, 관계는 극적으로 단절되고 맙니다. 이들 사이에 공산주의 체제 자체에 관한 논의도 있었지만, 그보다는 정치적·도덕적 원칙의 이름으로 테러를 정당화하느냐, 단죄하느냐는 선택과 판단이 더 중요한 사안으로 대두했습니다. 이처럼 폭력의 배경에는 역사·정치·도덕의 관계라는, 우리가 단 한 번도 벗어나지 못한 몹시 어려운 문제가 배경에 깔려 있습니다. 즉 정치적 판단을 위해 도덕적 준거에 호소하는 것은 예를 들어 이곳의 폭력을 단죄하고 자 저곳의 폭력을 정당화하는 비역사적이고 무책임한 태도가 아닐까요? 냉전이 한창일 때 (심지어 많은 사람의 눈에 필요한 것처럼 보였던) 다른 형태의 폭력에 필연적으로 눈감지 않고, 우리는 모스크바 재판, 이어서 소비에트 집단수용소의 현실을 단죄할 수 있었을까요? 메를로-퐁티는 1947년 출간한『휴머니즘과 테러(*Humanisme et terreur, essai sur le problème communiste*)』에서 이런 문제를 언급합니다. 이 어려운 책은 바를람 샬라모프, 알렉산드르 솔제니친, 이브게니아 겐즈부르그, 야스튀스 마르골린 등의 증언을 통해 오늘날 명백히 우리가 알고 있는 스탈린주의 역사적 사실이나 스탈린주의 공포 체제에 관한 지식에 견주어 볼 때 미흡한 것 같습니다. 그러나 우리는 이 책을 각자가 자기 진영을 선택하도록 강요당하던 시절, 예를 들어 소비에트 체제의 집단수용 현실과 감시, 국가 폭력, 체포, 체계적 강제 등 소비에트 연방의 현실에 관한 모든 정보를 대대적으로 조작하던 시절의 냉전 이데올로기와 역사적 맥락에 다시 위치시켜야 합니다. 서문을 봅시다. 무엇이 있을까요? 우선, 각각의 논평과 성찰을 요구하는 원칙과 질문이 있습니다. 원칙을 봅시다. 메를로-퐁티는 우리가 모스크바의 재판, 더 일반적으로, 혁명적 폭력을 이해하고 판단하기 원한다면, 그가 '자유주의적 사유', 때로 '자유주의적 가치'라고 부르는 원칙에 근거해서 이해하고 판단해서는 안 된다고 말합니다. 왜냐면 한편으로 자유주의적 사유는 또 다른 체제의 폭력, 즉 자본주의 체제의 폭력을 생성하고 정당화할 수 있고, 다른 한편으로 자유주의적 사유에 대한 호소는 바로 이런 가치에 준거하는 체제를 전복하려는 혁명 운동의 역사적 의미를 놓치는 원인이 되기 때문입니다.

하지만 곧 메를로-퐁티가 이런 '사유'와 '가치'를 무엇과 동일시하는지 주목해야 합니다. 그것은 바로 '도덕'입니다. 따라서 그가 거부하는 것은 마르크시즘과 폭력에 의지할 수밖에 없었던 소비에트 체제가 구현한 마르크시즘의 역사적 실현을 '무엇보다 먼저 도덕!' 같은 형태의 명령 혹은 슬로건으로 반대하는 태도입니다. 이런 동일시는 몇 가지 문제를 제기합니다. 우선, 도덕 원칙의 원용은 자유주의적일 수밖에 없다는 전제로 귀결됩니다. 다시 말해 우리가 폭정을 심판하기 위해 원용할 수 있는 원칙과 가치는 불가피하게 자유주의적이며, 이 원칙과 가치는 항상 자유주의 체제에 동조하는 참여와 입장을 마치 그렇지 않은 척하거나 은폐합니다. 이것은 분명히 결정적인 문제입니다. 특히, 카뮈가 여러 가지 면에서 메를로-퐁티의 분석에 대한 응답과도 같은 작품 『반항하는 인간』을 출간했을 때 이 문제는 사르트르와 카뮈의 논쟁에서도 중점적인 문제가 됐기 때문입니다.

원칙은 이와 같습니다. 여기서의 맥락을 넘어서 과거와 현재의 모든 독립운동과 모든 혁명에 해당하는 질문은 다음과 같습니다. 혁명적 행동의 합목적성을 근거로 메를로-퐁티가 공산주의의 '휴머니즘적 의도'라고 부르는 것, 즉 인간 사이의 더 정당한 관계를 정착시키는 폭력은 합법적일 수 있을까요? 폭력적 수단으로 정의를 모색하고 구현할 수 있을까요? 사르트르, 카뮈와 마찬가지로 폭력 앞에 선 메를로-퐁티에게 정치의 시험은 휴머니즘의 중요한 질문과 분리될 수 없습니다. 그러나 이어지는 장에서 우리는 푸코, 들뢰즈 혹은 데리다 같은 다음 세대 철학자들은 휴머니즘적인 의도로 정치를 평가할 수 없다고 생각했다는 사실을 확인하게 될 것입니다. 그렇다면, 폭력에 대해서는 어떻게 생각했을까요? 메를로-퐁티의 입장은 분명합니다. 원칙에 따라 폭력을 거부하는 대신 합법성을 확보할 것, 다시 말해 가능한 자기 초월을 확보하라고 요구합니다. 그의 말을 들어봅시다! 우리는 1946년에 있습니다.

그런데도 만약 우리가 폭력 운동에 포섭된다면, 늘 거기 머물 가능성이 있다. 따라서 마르크시즘의 역사적 임무는 인류의 미래를 향해 자신을 초월하는 폭력을 찾는 데 있다.[9]

『휴머니즘과 테러』의 저자가 이처럼 자기 초월을 강조한 것은 결국 사르트르와 결별하게 되는 회의, 점점 깊어지기만 했던 회의를 이미 품고 있었다는 뜻입니다. 이런 이유로 이 책은 아직 구할 수 있는 것을 구하려고 애쓰는 저자의 상태를 보여줍니다. 관찰자·분석가로서 메를로-퐁티는 쟁점이 되는 폭력이 인류의 미래를 향해 더는 스스로 '초월하지' 않고, 그 관료주의적 본성이 관료주의를 권력에 붙들어두는 것 말고는 다른 정당화가 없다는 사실을 말해주는 징후들을 명석하게 찾아냅니다. 프롤레타리아가 해야 했던 역할의 부재, 모든 공적 토론의 부당한 박탈, 모든 정치적 차이의 범법화, 임의 체포와 집행의 다양화가 그런 징후입니다. 오늘날 우리는 그래도 여전히 이는 현실과 거리가 멀었다는 사실을 잘 알고 있습니다. 이처럼 폭정에서는 혁명적인 면모를 더는 찾아볼 수 없게 됩니다.

---

9) Maurice Merleau-Ponty, *Humanisme et Terreur*, in *Œuvres*, Paris, Gallimard, 2010, coll. «Quarto», p.188.

몇 년 뒤『변증법의 모험(*Les aventures de la dialectique*)』(1955)을 쓰게 된 철학자가 빠졌던 딜레마를, 우리는 이해할 수 있습니다. 한편으로 중단된 혹은 배신당한 혁명은 폭력을 정당화할 수 없고, 다른 한편으로 이런 중단은 결과적으로 메를로-퐁티가 '자유주의적 신비화'라고 부르기를 고수하는 것에 대한 담보로도 쓰일 수 없습니다. 이 딜레마에서 어떻게 빠져나갈 수 있을까요? 어떻게 이 모순을 극복할 수 있을까요? 바로 여기서 고유한 의미에서의 실존 철학이 방책을 제공합니다. 왜 그리고 어떻게? 우리는 폭력의 문제에 대한 해답의 실마리를 사유에서 찾을 수 있습니다. 이는 얼마 뒤에 사르트르가 카뮈의『반항하는 인간』에 대해 쓴 반론에서도 나타납니다. 메를로-퐁티는 '자유-우상' '자유주의적 신비'가 만들어낸 추상적 자유에 실질적인 자유, 역사에 개입된 상황적인 자유를 대립시켜야 한다고 설명합니다. 역으로, 자유를 절대화하는 모든 추상적 고려, 실질적 자유에 우선적으로 관심을 두지 않는 모든 고려는, 이런 고려가 옹호하는 자유를 '폭력의 장엄한 보완물'로 만들어버립니다.

이런 입장이 낳은 결과는 명백히 중요합니다. 주목해야 할 첫 번째 사실은, 말하자면 예외성의 취약함입니다. 자유에 대한 박탈을 공산주의 체제에서 (이 경우에는 소비에트 연방에서) 예외적 경우로 파악하는 한, 반혁명 체제가 혹은 반혁명 인사들에게 가해진 폭력은 그들의 선택에 의한 것으로 그들의 자유의지로 책임져야 하는 것으로 생각할 수도 있습니다. 이 폭력의 책임은 그들 자신에게 있고, 세계 혁명 쟁점의 관점에서 이 폭력은 정당하기 때문입니다. 따라서 메를로-퐁티는 다른 많은 사람처럼 1930년대 모스크바 법정에서 자유롭게 그들의 운명을 받아들인 피의자들을 지지하려고 합니다. 그러나 만약 자유의 박탈이 일반적이라면, 이것이 체제에서 비롯한다면, 혁명적 정치의 필연적이고 제한적인 결과가 아니라 폭력 이외에 다른 정당화 수단이 없는 정치의 본질 자체라면, '베트남이나 팔레스타인 농민'의 운명이, 더 일반적으로 전 세계의 착취당하는 농민과 노동자가 이런 자동적 자유의 박탈, 폭력, 그리고 폭력이 의미하는 일반화된 공포와 아무 상관 없다면, 상황은 달라집니다. 현실과 괴리된 폭력의 정당화는 도그마, 자유주의만큼이나 추상적이고 부당하고 받아들일 수 없는 이데올로기에 속합니다.

그렇다면, 휴머니즘의 관점은 어떤 것일까요? 메를로-퐁티는 책의 2부를 이 문제에 할애합니다. 그의 주장은 그 시대의 정신을 이해하기 위해서만이 아니라 오늘날 우리 시대를 이해하기 위해서도 필수적인 자원이 되며, 그의 입장 또한 문제적인 만큼 중대합니다. 폭력이 불가피한 것이라면, '이 혼란에 대해 보편적 도덕'을 내세우면서 마르크시즘이 '폭력과 공포'를 포함하고 있다고 해서 비난할 수 없다는 사실을 인정하게 됩니다. 사르트르의 말을 인용하자면, 어떤 '상황'에 놓여 있다는 것은 틀림없이 폭력에 있다는 것입니다. 평화와 비-폭력은 역시 모호해서 신용할 수 없는 의도에서만 존재한다는 것, 보기와는 다르게 그다지 명확하지 않다고 할 수 있습니다. 이처럼 비-폭력을 다룰 때 부딪히는 어려운 문제는 폭력이 제기하는 문제를 직접 다루지 않는다는 것, 즉 의도, 의지, 의식이 세계에 초래하거나 초래하지 않는 구체적인 행동이나 변화를 직접 다루지 않고, 이런 의도, 의지, 의식의 불분명한 수위에 머무는 것입니다. 그래서 아주 다른 도덕성의 이해라는 결과가 나옵니다. 역사적 기준에서 유일하게 정당한 도덕은 '우리가 스스로 역사적 관점을 택하게' 강제하는 도덕이 됩니다. 다만, 의지나 의식 등의 신뢰 상실은 동시에 말과 언어 자체에 대한 역설적 불신에 속하기 때문에 이 입장은 아무리 강경해도 여전히 토론할 만한 것입니다. 카뮈가 강조했듯이 의지나 의식 같은 기제를 온전히 신뢰할 수 없는 이유는 언어와 대립하는 역설적인 불신의 원인이 되기 때문입니다.

역사의 흐름에 유의하는 메를로-퐁티에 따르면, 그가 매우 정당하게 '현재의 두께'라고 부르는 것이 '현재의 수단'을 강제합니다. 폭력의 알리바이를 봅시다. 행동의 맹목성과 현재의 강압과 동일시된 현재의 맹목성이라는 이중적 맹목성의 위험을 감수하는 것 말고는 (모든 문제는 여기에 있습니다) '현재의 두께'에 다른 방법이 없으므로 폭력이 정당화됩니다. 논리의 역전을 봅시다. 더는 미래가 폭력을 정당화하는 것이 아니라, 무슨 일이 일어나도 불가피하게 폭력적인 강압의 두께에서 '폭력적'이라고 알려진 현재가 폭력을 정당화합니다. 따라서 폭력에 대항한 폭력입니다. 폭력에 직면해서 현재를 고려한다면, 우리는 폭력 이외에 다른 것으로 맞설 수 없습니다.

순수함과 폭력 사이가 아니라 서로 다른 형태의 폭력 사이에서 우리에게는 선택의 여지가 없다. 폭력은 우리가 체현하는 것인 만큼 우리 몫이다. 이끌림, 즉 마침내 경멸이 없다면 확신도 없다. 폭력은 모든 체제에 공통된 출발 상황이다. 삶, 토론과 정치적 선택은 바로 이런 바탕에서만 이루어진다. 중요한 것, 토론해야 하는 것은 폭력이 아니라 폭

력의 의미와 폭력의 미래다.[10]

그렇다면 고려해야 할 것은 거부하는 것이 온전한 윤리적 선택이 될 폭력 자체가 아니라 바로 우리가 폭력으로 하는 일, 폭력의 미래입니다. 우리가 세계에서 어떤 폭력과 마주칠 때마다 상호 주관적인 피해의 '균형'을 고려해야 합니다. 다시 말해 '폭력을 통해 얻을 다른 사람들의 이득'에 바탕을 두고 다른 사람들에게 겪게 한 피해와 고통을 평가하고, 희생을 계산하고 확인하며, 인류의 미래에 위협이 될 사람들을 선별하여 규탄해야 한다는 것입니다. 살인을 정당화하는 희생의 계산은 가혹하고 가공할 논리입니다!

카뮈는 『반항하는 인간』에서 반항의 핵심이 바로 이런 계산의 논리에 반대하는 것이라는 듯이 계속해서 이를 규탄합니다. 1946년의 한 장면을 상상해봅시다. 우리는 보리스 비앙 (Boris Vian, 1920-1959)의 집에 있습니다. 거기에는 역사의 이름으로 자행되는 살인의 정당화를 둘러싼 드라마의 주인공들, 사르트르, 카뮈, 메를로-퐁티가 있습니다. 메를로-퐁티가 죽은 뒤 그에게 바쳐진 헌사에서 사르트르는 이렇게 말합니다.

---

10) Merleau-Ponty, *op. cit.*, p. 284-285.

어느 날 저녁, 보리스 비앙의 집에서 카뮈는 떠나려는 메를로-퐁티를 붙잡고 재판을 정당화한 것을 비난했다. 매우 힘들었다. 지금도 그들의 모습이 눈에 선하다. 화가 난 카뮈, 정중하고 단호하고 조금 창백해진 메를로-퐁티, 한 사람은 폭력의 현란함을 스스로에게 허하고 다른 사람은 금하고 있었다. 갑자기 카뮈가 돌아서더니 나가버렸다.[11]

4년 뒤인 1951년 『휴머니즘과 테러』의 분석과 이 책이 현재의 두께와 미래의 약속이라는 명분으로 폭력을 정당화한 것에 대한 근본적인 반론을 실은 『반항하는 인간』이 출간됩니다. 카뮈는 이 책에서 무엇보다도 불의에 대한 반항이 살인의 정당화에 호소할 수밖에 없고, 한 이데올로기의 이름으로 자행된 폭력을 고발하기 위해 다른 쪽 이데올로기가 허용하는 폭력을 지지할 수 밖에 없다는 것을 거부합니다. 살인적인 논리를 따르는 정의에 대한 그들 각각이 스스로 합당하다고 생각하는 요구는 언제나 삶 자체에 역행하게 됩니다. 냉전 시기, 폭력에 대한 동의 문제가 실은 다른 사람들의 범죄에 이의를 제기하고 자신의 범죄를 정당화한다는 것을 의미했던 냉전기를

---

11) Sartre, «Merleau-Ponty», in *Situations, IV*, op. cit., p. 215.

고려한다면, 우리는 카뮈가 길을 낸 대안적 방법이 격렬한 논쟁을 불러일으키고 사르트르나 그의 동조자들과 결정적이고 지속적인 반목에 이르게 했다는 사실을 납득할 수 있습니다. 그의 대안적 길은 무엇이었을까요? 우선 반항입니다. 어떤 독단적 신념에도 갇히지 않고, 당을 분노하게 할 위험을 무릅쓰고(이것이 정치적 시련이겠죠), 프로그램, 조직, 지도자들에게 어떤 종류의 의무적 충성도 용인하지 않는, 예속, 거짓, 폭정에 대한 반항입니다. 왜냐면 반항은 신비한 과거의 유령에도, 빛나는 미래를 위한 살인적 환상에도 종속되지 않으며, 개인적이든 집합적이든, 반항의 길은 끊임없이 새롭게 발견되어야 하는 현실에서 그려지기 때문입니다. 이처럼 반항은 그 자체로 반항을 빼앗으려는 힘, 정치적 권위의 힘, 지적·이념적·종교적 권위의 힘과 성직자들, 단체와 정당 대표들의 힘에 맞서 언제나 솟아오르는 의미의 봉기입니다. 반항은 단순한 정치적 대안이 아니라, 매 순간 도덕의 길을 닦습니다. 혹은 더 정확히 말해서 만연한 살인에 대한 동의에 힘없이 무너져 허무주의에 굴복할 위험을 무릅쓴 살인에 대한 근본적인 거부와 철학을 분리하지 않으려고 애쓰는 마음이 품고 인도하는 것이 바로 반항입니다.

그런데 어떤 이유로 반항할까요? 왜 반항해야 할까요? 이는 도덕적·정치적 명령일까요? 도덕과 정치는 유일하게 세상을 살 만한 곳으로 만들어주지만, 거짓과 공포는 사람들이 보호받으며 살아가도록 서로 이어주는 도덕과 정치의 공조를 파괴하므로 반항이 필요해집니다. 이처럼 반항은 파괴의 힘이 아니라 삶과 창조의 힘이 되어야 한다는 것이 반항의 요지입니다. 그러나 음험한 정치 조작은 모든 것이 반항을 변질시키는 데 기여하게 합니다. 정치 참여가 야만적 방법과 물색없는 살인을 포함하면서 모두를 향해 그리고 모두를 거스르는 '편 가르기'가 되기를 원하는 사람들이 결코 이해하지 못할 것을 감수하고도, 반항은 살인자가 될 유혹과 자기가 세운 원칙을 위반하게 될 유혹에 늘 저항해야 합니다. 어떤 필요에도 굴복하지 않는 폭력에 대한 원칙적인 거부가 이처럼 확고하게 자리 잡으면, 모순적이 될 위험이 발생합니다. 한편으로, 폭력적 죽음에 저항하고 조화로운 세계를 만들겠다는 반항의 목적성과 모순이 될 위험을 무릅쓰고 반항은 자기 원칙에 따라 어떤 살인에도 동조하지 않는 폭력의 포기를 전제해야 합니다. 그리고 다른 한편으로, 범죄를 목격하면서도 허망하고 무력한 상태로 있을 위험을 대가로 치르면서도 반항은 대항해 오는 적대적 힘과 충돌하고, 이런 힘 앞에서 원칙을 단념해서는 안 됩니다. (MC)

III 시몬 베유, 캉길렘, 카바이예스

1. 시험에 든 평화주의

앞서 우리는 사르트르와 메를로-퐁티의 글을 통해 기본적으로 전후 시기에 속하는 '정치의 시험'을 살펴봤습니다. 이번에는 가장 중대하고 가장 오래 계속되는 시험 중 하나인 전쟁을 살펴보고자 합니다.

사르트르의 『존재와 무』가 출간된 해이며 제2차 세계대전의 한가운데로 우리를 인도하는 1943년의 중요성에 관해서는 이미 위에서 언급했습니다. 실제로, 1943년은 20세기 후반 철학에 깊은 영향을 끼칩니다. 공부를 계속하면서 보게 되겠지만, 이는 여기서 다루는 모든 철학자의 공통점이며, 다음 장에서 읽을 장켈레비치(Vladimir Jankélévitch, 1903–1985)와 데리다의 글에서 특히 두드러집니다. 20세기 초반에 태어났든(사르트르, 메를로-퐁티, 카뮈, 캉길렘, 시몬 베유, 레비-스트로스, 카바이예스, 레비나스) 1920-1930년대에 태어났든(푸코, 들뢰즈, 데리

다) 이들은 모두 전쟁의 시대를 살았습니다. 전쟁의 흔적과 상처, 유럽에서 유대인과 집시의 집단수용과 말살, 유럽·아프리카·아시아에서 벌어진 수백만 남녀의 집단살인이라는 이 '기억 속의 암', 셀 수 없이 많은 시험은 전쟁이 끝나면서 뚜렷하게 철학 저술에 그 흔적을 새깁니다. 역사의 시험, 철학의 시험, 윤리의 호소, 글쓰기의 시험, 이 모든 시험은 아직 끝나지 않았습니다.

그러나 무엇보다도, 예상되는 전쟁, 위협하는 전쟁, 불가피한 전쟁은 우선 제1차 세계대전의 트라우마에 기원을 둔 급진적 평화주의, 심하게 흔들린 뒤에 결국 유지할 수 없게 되어버릴 '평화주의 원칙'을 시험에 들게 합니다. 우리는 예외적으로 1930년대에서 출발해서 시몬 베유의 글[1933년 1월 30일 히틀러가 권력을 잡은 시점으로부터 10년 후인 1943년에 출간된 베유의 중요한 저술 『뿌리내림』과 빛나는 짧은 에세이 「일리아드 혹은 힘의 시(*L'Iliade ou le Poème de la force*)」]을 읽으면서 다음 장에서 이에 관해 살펴보기로 합니다. 여기서 '빛(명석한 규명)'에 관해 말하는 것은 우연이 아닙니다. 철학에서 가장 반복적인 '정치의 시험' 중 하나는 관점과 상황 사이에 가로놓여 판단을 왜곡하고 행동을 마비시키는 철학적·이념적·정치적 신념에서 비롯한 맹목성의 위험입니다. 알랭(Alain, 1868-1951)의 계승자라는 이름에 걸맞게, 시몬 베유는 이를 처음으로 인식하고 이런 환상에 맞서 싸우기 위해 오랫동안 가장 단호한 전쟁 반대자로 남게 됩니다.

그렇다면, 베유의 원칙적 전쟁 거부는 무엇에 근거를 두고 있을까요? 우선, 전쟁은 세계적 관계와 연관된 강대국들의 분쟁일 뿐 아니라 국내 정치 문제이기도 하다는 점에 주목해야 합니다. 전쟁은 병사들이 자신의 목숨을 좌지우지하는 국가 기구와 군대에 종속되어 있음을 전제합니다. (이 점을 아무리 강조해도 충분하지 않을 겁니다) 전쟁은 자유화 수단과는 전혀 관계없이 무엇보다도 강압과 노예화를 전제로 합니다. 따라서 어떻게 정당화하든 간에 전쟁은 우선적으로 '전체 국가 기구와 사령부가 무기를 들어도 좋다고 인정한 나이의 남성 전체를 상대로 이루어진다.'[1]는 사실부터 인정해야 합니다. 주권국가 기구가 국민을 죽음의 전쟁터로 보내는 것은 '가장 근본적인 형태의 억압'[2]이라는 사실에서 출발한, 확실하게 결정적인 비판입니다. 국가 권력은 구속 수단에 종속된 사람들을 '수동

---

1) Simone Weil, «Réflexions sur la guerre»(1933), in *Œuvres*, Paris, Gallimard, 1999, coll. «Quarto», p. 456.
2) *Ibidem.*

적 자원 상태'로 간주하기 때문에 여기서 최소한의 해방이라도 기대하는 것은 헛된 일입니다. 따라서 '중대한 적'은 내부에 있습니다. 대중을 노예로 만들어 전쟁으로 내모는 의지에 타협하는 것보다 더한 배신은 없습니다.

히틀러의 라인란트 재무장, 수데티 위기, 체코슬로바키아 침공 같은 사건들로 위기가 증폭되자 시몬 베유는 전쟁의 환상에 대한 비판을 계속합니다. 근본적으로 평화주의 기조를 유지하는 베유의 방법은 언제나 같습니다. 즉, 전쟁이 위기의 해결책으로 보이게 하고, 군대의 개입을 정당화하고자 사용하는 말과 개념을 치밀하게 추적합니다. 1936년 명예와 존엄을 지키기 위해 목숨을 걸 필요를 묻는 알랭의 조사에 답하면서, 베유는 거기에 '가장 살인적인 단어들'이 있다고 분명히 합니다. 왜냐면 안녕과는 무관한 전쟁은 절대로 "스스로를 경멸하는 것을 피할 수 있는"[3] 자원이 될 수 없기 때문입니다. 피로 목욕해야 하는 병사들이 감내해야 하는 굴종에 관해, 베유는 병사들을 노예로 만들고, '영속적인 굴종'을 유지하는 군대를 언급하지도 않고, 다른 사람들을 불편하게 하지도 않으면

---

3) Simone Weil, «Réponse à une question d'Alain»(1933), in *OEuvres*, op.citi, p. 466.

서 시민 사회의 수많은 사람이 비참한 삶에서 일상적으로 감내해야 하는 굴종을 환기합니다. 같은 맥락에서 베유는 1937년에 작성한 눈문 「트로이 전쟁을 다시 시작하지 맙시다(Ne recommençons pas la guerre)」에서 오늘날에는 '윤색된 거대한 단어들' '피와 눈물로 부풀어 오른 단어들'이 트로이 전쟁에서 헬렌이 했던 구실을 한다고 말합니다. 적대관계에서만 작동하는 이 텅 빈 말들은 한 가지 합법적인 의무를 의식에 심어놓습니다. 즉 물러서지 않고 판단하지 않으며, 이 말을 성급하게 반복하기보다 오히려 명료하게 함으로써, 다시 말해 '살인적 부조리'가 드러나게 함으로써 이 말의 흡인력과 폭력의 열기에서 벗어나는 것입니다. 따라서 이것은 정치의 시험입니다. 정치가 도구로 사용하는 관념화에 '지식의 본질적 개념들'을 맞서게 해서 이런 관념화가 강요하는 신념에 반대하고 이를 불신하게 하는 것입니다. 살인적 슬로건과 단어들에 반대하여 '한계, 기준, 정도, 비율, 관계, 관련, 조건, 필연적 연관, 과정과 결과의 연결 개념'에 호소하는 것입니다! 왜? 이런 비어 있는 관례적 문구들은 언제나 명령하는 자가 자신에게 복종하는 사람들에게 행사하는 억압을 은폐하기 때문입니다. 그리고 억압받고 지배당하는 사람들의 인간적 존엄성을 무시하는 효과를 노립니다. 게다가 '정당하고' '매우 중대하고' '본질적인'(시몬 베유가 사용한 표현입니다) 투쟁은 유일합니다. 바로 복종하는 사람들이 그들의 존엄성이 짓밟혔을 때 명령하는 자들, 혹은 그렇게 할 수 있는 말을 가진 자들에게 대항하는 투쟁입니다. 전쟁, 원했고 고무되었던 전쟁, 스스로는 절대로 전장에 가지 않는 사람들이 일으키는 전쟁은 복종의 진정한 본성, 즉 생살여탈권을 포함하는 힘의 결과가 되는 것이 복종의 본성이라는 사실을 드러냅니다.

그렇지만 시몬 베유는 평화주의의 한계에 부딪힙니다. 1938년 뮌헨협약으로 확정된 체코의 유기 앞에 절대적 평화주의 원칙은 무릎을 꿇습니다. 특히, 베유가 권리 관점에서 불의가 공유됐다고 말할 때, 힘의 관계에서 '사태의 본질'에 있는 독일의 패권을 두려워해서는 안 된다고 주장할 때, 맹목성이 뒤바뀐 것인지 아닌지 확실하지 않습니다. 어떤 힘도 독일의 패권을 막을 수 없고 어떤 패권이 다른 패권보다 낫다면 전쟁을 피하게 해주는 패권을 받아들여야 한다고 강조하기 때문입니다.

곧 이런 한계를 깨닫게 되었기에 시몬 베유에게 이것은 지독한 시련이었습니다. 1939년부터 쓴 세 편의 결정적인 글, 즉 레지스탕스에 참여하기로 마음을 정하는 글, 「종합적 조망을 위한 성찰(Réflexions en vue d'un bilan)」(1939)과 이어지는 두 편의 글, 「일리아드 혹은 힘의 시(L'Iliade ou le poème de la force)」(1939)와 『뿌리내림』에서 베유는 급진적 평화주의와 결별합니다. 이 단절을 어떻게 이해해야 할까요? 그녀는 전쟁이 대중을 국가 기구와 군대 조직에 예속시키는 국내 문제로서 이해되는 한 당연히 이 전쟁에 반대해야 한다고 생각했습니다. 하지만 1939년은 이런 해석에 동조할 시기가 아니었습니다. 이제 돌이킬 수 없는 '권력관계의 게임'이 전 세계를 압박한다는 사실이 부정할 수 없는 여러 증거를 통해 확인됐기 때문입니다. 전세계적으로 완성되어가는 비극을 (이것이 바로 정치의 시험이겠죠!) 피할 길이 없었습니다. 독일은 세계를 지배하고자 했고, 엄청난 파국이 예상되고 있었습니다. 독일과 각국이 '협상'을 통해 모색하는 것은 평화 유지가 아니라 각국의 특권, 즉 힘의 본질을 보여주는 특권이었고, 협상과 양보의 시기는 이미 끝난 상태였습니다.

한 나라의 국민이 양도하는 권한은 상대 나라 국민의 특권을 강화하고, 독립성을 유지하려는 다른 나라들의 능력을 약해지게 합니다. 따라서 히틀러의 지배 확장을 막을 수 있는 것이 아무것도 없다는 것은 추상적인 가정이 아니라 실질적인 가능성이라는 사실을 인정하거나, 그렇게 생각하는 것이 절대로 필요했습니다.

우리는 베유가 경험한 이 단절에서 두 가지 근본적인 요소에 주목해야 합니다. 첫째는 시대의 요구에 따라 사태를 새롭게 분석했다는 것입니다. 하지만 이런 분석으로 베유는 '속임수, 폭력, 위선이 아닌 다른 것'에서 세계 정치의 원칙을 찾으려는 급진적 평화주의를 포기하는 대가를 치르게 됩니다. 그러나 어떻게 해야 현재의 특수한 상황에 맞출 수 있을까요? 어떻게 시대의 요청에 부응할 수 있을까요? 바로 여기서 시몬 베유의 성찰은 결정적인 양상을 띠게 됩니다. 「종합적 조망을 위한 성찰」에서 베유는 더 큰 힘을 원하는 독일의 탐욕과 패권을 향한 독일 독재자의 질주에 맞서 프랑스는 방어만 할 수 없음을 강조합니다. 따라서 "폭력과 권력욕의 영역"[4]에 더는 머물러 있지 않은 '어떤 팽창하는' 힘으로 프랑스는 독일에 맞서야 합니다. 그것은 어떤 힘일까요? '자유의 챔피언'으로 만들어줄 유일한 힘입니다. 그러나 제1차 세계대전이 이미 그 한계를 충분히 보여주었듯이 이를 경쟁적으로 반복하고 정치적 선전 선

---

4) Simone Weil, «Réflexions en vue d'un bilan», in *OEuvres*, op. cit., p. 525.

동의 소재로 삼는 것은 소용없는 일입니다. '자유에 대한 사랑'으로 '지배를 향한 행군'에 제동을 걸려면, 억압 체제와 구별되는 민주주의 체제에 남아 있는 것들을 찬양하는 것은 별 의미가 없습니다. 프랑스를 시작으로 민주주의 체제가 실제로 '영구적으로 분출하는 자유의 자원'처럼 나타나도록, 무엇보다도 자유가 결핍된 곳곳에 자유를 불어넣어야 합니다.

베유는 예언적 통찰력으로 이렇게 씁니다.

이 세상에서, 진실로 자유를 사랑하는 단 한 명의 사람이라도 자신이 합당하다고 믿는 이유로 프랑스를 증오할 수는 없다. 자유를 사랑하는 진실한 사람이라면 누구나 프랑스가 존재하는 것을 다행으로 여겨야 한다. 우리는 이렇게 생각하지만, 사실 이런 생각은 착오다. 왜냐면 이제부터 이렇게 되도록 하는 것은 우리에게 달렸기 때문이다.[5]

바로 이 지점에서 우리는 전쟁 문제와 식민주의 문제가 본질적이고 철학적인 성찰로 이어진다는 사실을 이해할 수 있습니다. 1939년과 1943년에 쓴 두 편의 에세이, 『프랑스 제국

5) *Ibidem*, p. 526.

주의 식민지 문제의 새로운 여건(*Les nouvelles données du problème colonial dans l'Empire français*)』과 특히, 『프랑스 민중의 운명과의 관계에서 식민지 문제에 대하여(*À propos de la question coloniale dans ses rapports avec le destin du peuple français*)』에서 표출한 준엄한 규탄에서 이런 흔적을 찾아볼 수 있습니다. 5년째 독일이 유럽 대부분을 점령하고 지배하던 당시, 시몬 베유의 논증은 매우 명확합니다. 우리가 여전히 가치와 자유의 영역에 머물고 싶다면, 식민 정복 과정과 히틀러의 지배 과정이 비슷하다는 사실부터 인정해야 합니다. 베유는 "독일이 우리에게 헛되이 저지르려 한 악을 우리는 다른 이들에게 저질렀다."[6]라고 단언합니다. 그리고 이처럼 소속, 과거, 전통, 역사, 문화를 부정하고 파괴하는 행위에는 이름이 있습니다. 바로 '뿌리 뽑기'입니다. 효율적으로 —이 또한 가치의 수준에 있는 것인데— 적의 정신, 수단, 야망에 맞서 싸우고자 한다면, 빼앗긴 자유를 조금이라도 식민화된 민중에게 돌려주는 것이 시급합니다.

조금 전에 시몬 베유의 급진적 평화주의와의 단절에서 두 가지 요소에 주목해야 한다고 했습니다. 두 번째는 형이상학

---

6) Simone Weil, «À propos de la question coloniale dans ses rapports avec le destin du peuple français», in *OEuvres*, op. Cit., p. 431.

에 대한 호소입니다. 다음 장에서 우리는 이미 언급한 베유의 중요한 저서 『뿌리내림』을 다루겠지만, 이에 앞서 1940-1941년에 쓰인 경탄할 만한 짧은 에세이, 「일리아드 혹은 힘의 시」에 관해 언급하겠습니다. 베유는 『일리아드』 독해의 길잡이인 이 20쪽 정도 길이의 글에서 본질적인 사실을 말합니다. 호메로스의 시를 중심으로 한 이 에세이가 제안하는 힘의 분석에 우선 주목합시다. 힘에 대한 명석한 정의는 불행하게도 오늘날에도 여전히 유효합니다.

힘은 힘에 종속된 모든 사람을 사물로 만든다. 힘은 끝까지 쓰여질 때 가장 엄밀한 의미의 문자 그대로 인간을 사물로 만든다. 왜냐면 힘은 인간을 시체로 만들기 때문이다. 사람이 있었다. 그리고 잠시 후 아무도 없다. 이것이 『일리아드』가 우리에게 끊임없이 제시하는 그림이다.

그러나 인간이 시체로 변하는 것은 전쟁 시기에 일어날 수 있는 여러 가지 사태 중 하나에 불과합니다. 전쟁은 인간을 산 채로 사물화합니다. 이런 것이 바로 힘의 제국, 폭력의 세계입니다. 그들은 인간을 죽이는 데 만족하지 않고, 감옥이나 집단수용소, 피폐해진 마을, 폐허가 된 도시에서 모든 수단을 동원해서 사람들을 억압하고 살아 있는 채 사물의 상태가 되도록 강요하여 "영혼"(시몬 베유가 사용한 표현입니다)을 예속시킵니다. '인간과 시체의 중간 상태', 이것이 힘과 폭력이 인간 삶에 남기는 결과입니다.

그러나 『일리아드』는 경종이자 희미한 희망의 종소리처럼 울리는 한 가지 다른 사실도 알려주는데, 시몬 베유는 이 점에 주목합니다. 폭력에는 아무도 예외가 될 수 없습니다. 폭력은 폭력을 피할 수 있다고 절대로 단언할 수 없는 모든 사람에게 결국 해를 끼치고 맙니다. 사람들이 이 사실을 무시하거나 잊은 척하지만, 폭력의 본질은 이처럼 제한적인 것으로 생각, 정의, 신중함의 일시적 쇠퇴, 그런 공백에 한정됩니다. 『일리아드』의 중요한 교훈은, 이는 또한 용기의 자원이기도 하지만, 사람들이 언제나 "힘에 한계가 있다는 사실을 모르는 채 그들이 사용할 수 있는 힘 너머로 (…) 불가피하게 그 이상으로"[7] 힘을 사용하려고 한다는 것입니다. 그리고 결국, 아무리 거만하고 힘센 사람도 징벌의 '기하학적 엄밀함'을 피하지 못하고 불행에 노출되게 마련입니다. 이처럼 힘은 패권적이면서도 한계가

---

7) *Ibidem*, p. 537.

있습니다. 힘은 언제나 모든 것을 원하고, 모든 남용의 가능성을 포함하고 있습니다. 게다가 전염됩니다. 시몬 베유는 바로 이 점을 가장 강조합니다. "인간을 사물로 변형시키는 힘의 권력은 이중적이며 양쪽에서 작동한다. 힘은 힘에 종속된 사람들과 힘을 가진 사람들의 영혼을 다른 방식으로, 그러나 똑같이 경직시킨다."[8] 이런 이유로 전쟁의 시기에 폭력적인 세력과 경직된 힘에서 벗어나려면 기적이 필요한 것입니다.

그러나 전쟁의 시기에도 정당성을 부여해야 할 빛나는 순간들이 있습니다. 환대의 의미에 반하는 순간들, 그러나 또한 파괴에 대항하는 사랑과 우정의 연대의 순간입니다. 이런 순간은 전쟁이 끊임없이 단절하려고 해도 절대 소멸하지 않는 인간의 유대와 호의를 은연중에 드러나게 합니다. 베유는 이에 대해 "사람들에게 영혼이 있다는 것을 알게 해주는 짧지만 숭고한 순간"이라고 했습니다. 그리고 이어서 아주 강하면서도 몹시 약한 이런 유대가 있어도 영혼이 힘에 복속되는 것을 지켜봐야 하는(『일리아드』에 매우 특별한 정서를 부여하는) 쓰라림과 아픔이 있음을 이야기합니다. 바로 이것이 전쟁의 진실입니다. 그리고 이 진실은 몹시 고통스러운 것이었기에 1940

---

8) *Ibidem*, p. 545.

년과 1941년에는 원칙적으로 이 진실에 반대하기보다 저항해야 했습니다. 무엇에 대한 저항이었을까요? 무엇보다도 힘의 제국을, "사람들의 가장 큰 불행, 도시 삶의 파괴"를 영속화하는 것에 대한 저항이었습니다. 시몬 베유에게 프랑스를 비롯한 대부분 유럽 국가가 점령당한 상황이 의미하는 것은 바로 이것이었습니다. 따라서 저항해야 했습니다. 다른 선택이 없었습니다. 이것이 그녀가 런던에서 자유 프랑스(France Libre) 편에 섰던 의미였으며, 그렇게『뿌리내림』을 썼습니다. (MC)

2. 필요성의 경험

우리가 공부할 세 철학자의 전쟁에 대한 원칙적 입장을 살펴볼 때 가장 먼저 주목할 첫 번째 관련성은 직접적이고 개인적인 전투 참여입니다.

먼저, 장 카바이예스(Jean Cavaillès, 1903-1944)를 봅시다. 1903년 태어난 그는 일찍이 (알베르 로트만과 함께) 당대에 가장 훌륭한 수학 철학자, 혹은 가장 훌륭한 철학자 중 한 사람으로 알려졌을 뿐 아니라 레지스탕스의 영웅이었습니다. 한 저항 조직의 우두머리로 프랑스를 떠나 런던 임시정부에 잠시 합류해 있었지만 귀국하자마자 곧 체포되어 고문당했고, 1944년 아라스에서 총살당했습니다. 레지스탕스 일원으로 임무를 맡고자 했던 시몬 베유는 런던에서 그에게 면담을 요청했으나 거절당했습니다. 조르주 캉길렘(Georges Canguilhem, 1904-1995)은 카바이예스에게 바치는 어느 글에서 그의 말을 이렇게 인용했습니다. "(카바이예스는 시몬 베유에 관해 이렇게 말했다) 예외적인 고결함을 보여주는 이런 사례를 오늘날 더는 찾아볼 수 없다." 우리가 방금 언급한 조르주 캉길렘이 세 번째 요소 혹은 세 번째 인물입니다. 1904년에 태어난 조르주 캉길렘은 시몬 베유처럼 알랭의 학생이었습니다. 그도 베유처럼 1930년대 말 평화주의와 결별했고, 고등사범학교 동문인 사르트르처럼 전쟁의 영향을 받아 카바이예스 곁에서 레지스탕스 운동에 참여했습니다. 그리고 비시 정부에 대한 충성 맹세를 거부하고 학장에게 이렇게 말했습니다. "나는 노동, 가족, 정당에 관해 가르치려고 철학교수 자격시험을 치르지 않았다." 전쟁과 1943년은 우리에게 중요한데, 그의 삶에서도 그랬습니다. 이 해는 그의 의학박사 논문이자 철학의 걸작, '정상과 병리'라는 제목으로 잘 알려진 『정상과 병리와 관련한 몇 가지 문제에 관하여(*Essai sur quelques problèmes concernant le normal et le pathologique*)』가 출간된 해입니다. 시몬 베유와 장 카바이예스는 이 해에 망명과 투쟁으로 책을 출간하지 못하지만, 1940년 이후 1943년에 한 사람이 유례없이 집중적으로 자유 프랑스가 그에게 요청한 책,『뿌리내림』을 쓰면서 (비록 작품을 완성하지는 못했지만) 집필 활동을 한계까지 몰아붙이는 동안 다른 한 사람은 감옥에서 짧지만 매우 중요한 글, 그의 사후에 친구들 (서문을 쓴 바슐라르와 캉길렘, 아라공)이 '과학의 논리와 이론에 대하여(Sur la logique et la théorie de la science)'라는 제목을 붙여 출간하게 될 책을 집필합니다. 이것이 우리가 앞서 말했던 '시기'가 아니고 무엇이겠습니까?

그런데 여기서 한 가지 질문이 제기되고, 이 문제는 필수불가결해집니다. 이런 인물, 사상, 저작 사이에 언급된 관련성 말고도 또 다른 철학적 연관이 있을까요?

카바이예스에게 헌정된『장 카바이예스의 삶과 죽음(*Vie et mort de Jean Cavaillès*)』에서 캉길렘은 철학이 나아갈 길을 제시합니다. 매우 중요한 이 길은 곧 프랑스 철학을 가르게 되고, 나아가 어느 때보다도 더 '정치의 시험'에 놓인 철학으로 특징지어질, 가장 엄밀한 정확성이 요구되는 길을 보여줍니다. 캉길렘은 여기서 비록 정치 참여를 말하지 않아도 그 정수에 이르는 카바이예스의 과학 철학, 그리고 정작 자신은 참여하지 않으면서 정치 참여를 말하는 일부 철학자들의 인식 철학 사이의 관계를 분석합니다. "만일 그들이 할 수 있다면, 자유의 철학자들이 다음번에 이처럼 잘하기를." 다시 말해 필연성의 철학자였던 카바이예스는 (다르기는 하지만, 시몬 베유처럼) 또한 영웅이었습니다. "폭탄을 가득 짊어진 수학 철학자가 영웅이 아니라면, 대체 영웅이란 무엇인가?"

이런 것이 우리에게 제기된 혹은 강경하게 대답을 요구하는 질문입니다. 이것은 삼중의 질문입니다. 우리가 살펴본 철학자 사이의 연관성은 철학과 과학에도 존재하는가? 이 연관성은 그들의 정치적 참여나 전쟁에의 개입과 직접적인 관련이 있는가? 이들 철학이 유도하는 행동과 함께 의식과 존재의 철학에 과학의 철학을 대립시켜야 하는가? 이 세 가지 문제를 간략하게 검토하고, 함께 대답을 찾아봅시다.

먼저 캉길렘이 장 카바이예스에게 바친, 때로 잘못 이해되기도 하는 유명하고 명료한 두 문장에서부터 이야기를 시작하겠습니다. 첫 번째 문장에서 그는 카바이예스가 "논리에 따른 레지스탕스 활동가"였다고 했습니다. 비록 덜 인용되지만, 그렇다고 덜 탁월하지 않은 두 번째 문장에서 그는 카바이예스가 "도덕을 글로 쓰지 않고 직접 실천했다."라고 말합니다. 이두 문장은 무엇을 말할까요? 이 두 문장은 무엇으로 카바이예스의 철학, 그의 수학 철학의 핵심을 보여줄까요? 현실 참여, 도덕, 저항은 표면적인 담론이나 외적인 선택이 아니라 '논리'와 '필요한' 행동의 영역에 속합니다. 그러나 이들은 '정치적·도덕적 내용이 아니라 그 형식과 논리적 연계의 필요에 따라' 논리에 속합니다. 카바이예스가 레지스탕스로 독일에 머무는동안 히틀러의 『나의 투쟁』[9]을 읽을 때 그의 독서를 주도한 것은 (사르트르나 다른 많은 이와 달리, 그러나 시몬 베유에게 그랬듯이) 순수한 필연성이 아니라 이 책이 담고 있는 치욕과 이를 거부하기 위해 해야 하는 행동 사이의 필연적 관련성입니다. 'A = A'라는 공식만큼이나 견고한 논리, 그러나 그 내용이 다르고 특별한 행동을 요구하는 논리입니다. 바로 여기에 카바이예스의 수학적 사유의 핵심이 있습니다. 그는 논리적 필연성에 따라 사유하지만, 이를 순수 논리와 구별하고 성찰의 대상

---

9) *Mein Kampf*: 아돌프 히틀러(1889-1945)가 1925-1927년 2권으로 발간한 자서전. 자신의 반(反)유대 및 인종주의 이념을 표방했다. 1919년 나치스를 조직하고 국수주의 운동을 전개했던 히틀러는 1923년 빌인 11월 혁명으로 수감되었던 시기에 이 책을 집필했다. 나치 집권 시절의 베스트셀러로 1,200만 부 이상 배포됐다. 옮긴이.

을 언어나 기호로 축소하지 않고, 행위의 주제가 무엇이든 논리적 연계에 따라 행위에 선행하는 것이 아니라 현실적 행위에 바탕을 둔 현실적 연계를 수행합니다. '논리에 따라 레지스탕스 활동가'가 되려면 논리학자가 되는 것만으로는 충분하지 않고, 당연히 레지스탕스의 도덕적·정치적 필연성을 이해해야 합니다. 도덕은 내용이 있고 행동을 통해 구체화됩니다. 사람들은 마치 캉길렘이 '영웅이 되는 것은 논리학자가 되는 것으로 충분하다'고 말한 것처럼 그가 쓴 문장의 의미를 축소했습니다. 그러나 모든 논리학자가 영웅일 수 없습니다. 자행된 범죄에 '논리적으로' 저항하고 이를 고발하는 카뮈의 문장도 이런 사실을 보여주기에 충분합니다. 시몬 베유와 캉길렘처럼 카바이예스도 실존과 순수한 자유의 철학을 비판하지만, 순수한 필연성 또한 비판합니다. 카바이예스에 따르면 순수하게 수학적 논리가 있는 것처럼, 내재적이고 구체적이며 역사적이고 변증법적인 도덕적 논리도 있습니다.

우리는 시몬 베유의 사유, 특히 '뿌리내림'의 사유에 관해서도 이와 비슷한 이야기를 할 수 있을 것입니다. '뿌리 뽑힘'으로 잃어버린 필연성의 감정, 호전적 선전 선동(베유가 비시 정부에서 빼앗아오려고 의도적으로 사용하는 뿌리내림의 이미지,

비시 정부의 선전 선동)이 훼손한 만큼의 자유와 힘의 경험을 사람들에게 되돌려줘야 합니다. 그러나 필연성에 대한 착오를 범해서는 안 됩니다. '타인에 대한 존중'과 '영속적인 의무'의 필연성, 예를 들어 (이는 다른 모든 필연성의 본보기가 되는데) 우리가 도와줄 수 있을 때 배가 고픈 사람에게 먹을 것을 나눠줘야 할 필연성 같은 것에서 시작합니다. 따라서 시몬 베유에게는 예를 들어 노동과 과학에서 근본적인 경험을 찾는 필연성의 철학이 있습니다. 그런데 이런 필연성의 철학으로서만 또 다른 필연성의 경험에 대항할 수 있습니다. 즉, 인간의 영혼을 파괴하는 불행의 필연성입니다. 이 영혼이 그리스도처럼 이전에 선과 정의를 경험했을 경우에만 (그래도 그리스도가 올리브 산에서 버림받은 것처럼 느끼는 것을 막지는 못했지만) 그녀가 '신의 사랑'이라고 부른 것을 보존할 수 있습니다. 베유에게는 개인적·실존적 자유가 선택하고 구원하는 것도 아니지만, 그렇다고 순수하고 단순한 필연성이 선택하고 구원하는 것도 아닙니다. 하지만 필연성의 경험이 인간의 영혼을 충만하게 하며, 이 경험만이 유일하게 인간의 영혼을 파괴하는 것, 힘의 세력, 혹은 불행이라는 노예 상태에 대항하는 능력을 갖추게 해줍니다. 역사적 공동체의 뿌리내림을 포함해서 뿌리내림은 (플라톤

이 말한 것처럼) '하늘에서'의 뿌리내림이라는 조건에서만 지상에서 필연성의 경험을 부여합니다. 이처럼 하나의 영상이 하나에 더해집니다.

따라서 우리는 모든 면에서 조르주 캉길렘의 저작과 인물의 매우 결정적인 중요성을 조금 더 잘 이해할 수 있습니다. 20세기 가장 위대한 역사학자이자 과학 철학자가 될 캉길렘은 1943년 역설적으로 과학이 아니라 '기술과 여러 과학의 교차점'인 의학의 이름으로 과학을 근본적으로 비판합니다. 그는 질병을 환자의 실제 경험과 유리된 과학적 대상으로 간주하는 태도를 버려야 하고, 유일한 만큼 언제나 주관적인 생명체의 절대적이고 질적인 차이를 고려하지 않고 정상과 병리의 구별을 순전히 과학적이고 수학적인 사실로 축소해서는 안 된다고 말합니다. 우리는 여기서 실존 같은 범주들과 심지어 (우리가 '속한 환경'뿐 아니라) '세계와의 토론'이라는 문제로 되돌아옵니다. 이런 점에서 사르트르뿐 아니라 특히 1943년 오이겐 골드스타인(Eugen Goldstein, 1850–1930)의 유기체 철학의 영향으로 의식과 관련해 생명체를 물질로 환원될 수 없다고 생각했던 메를로-퐁티와 더 가깝다고 말할 수 있지 않을까요? 여기서 이야기를 계속하기보다는 언급한 다른 두 철학자와 캉길렘을 긴밀히 연결하는 이 명제에 대한 캉길렘의 반론을 언급하는 것이 좋겠습니다. 캉길렘에게 생명체가 주체적이라면, 사실 주체성은 항상 그리고 단지 주체가 속한 환경에서 각각 질서의 '부정적 가치'에 대항하여 싸우기 위해 의학과 과학(또한 정치와 저항처럼)을 요청하는 구체적 생명체의 주체성이기 때문입니다. 바로 여기에 극성(極性)뿐 아니라 필요성이 있으며 이 필요성이 순전히 논리적이지 않다면 그보다 더 강할 뿐입니다. 말하자면 부정적인 것의 거부는 이를 인식하거나 반박하는 이면의 '의식' 없이 주체적 실존의 중심 자체에 있습니다. 이는 학자에게서 그의 생명을 그의 오류와 이데올로기의 위험과 함께 제거할 수 없는 것처럼 주체성을 제거할 수 없다는 뜻입니다.

우리는 시작하면서 제기했던 세 가지 질문에 답할 수 있습니다. 그렇습니다. 이들 사유 사이에는 어떤 관련이 있으며, 이 '시기'에 있는 각각의 사고는 과학, 일반적인 의식 혹은 필연성의 경험에서 출발합니다. 그러나 과학적 필연성은 필연적이고 직접적으로 도덕적·정치적 필연성으로 귀결되지 않습니다. 도덕적·정치적 필연성 또한 덜 엄정하지 않은 그들 고유의 질서에 속합니다. 모든 논리학자가 레지스탕스였다면, 결국 알려졌겠지요. 이어서 형이상학적·정치적 측면에서, 의식 철학, 실존 철학, 자유 철학과의 대립을 명백히 밝힐 것입니다.

1. 형이상학적, 사르트르에게 상황 없는 순수한 자유란 존재하지 않는 것과 마찬가지로 이 저자들에게 경험과 주체성 없는 필연성은 없기 때문입니다. 이 점은 양립할 수 없습니다. 그러나 동일 문제의 기반 위에 주체에 의한, 주체를 추월하고 주체가 만들 수도 추월할 수도 없는 어떤 경험의 만남, 바로 거기서 주체가 형성됩니다.

2. 정치적, 즉 정치가 형이상학과 철학에 부여하는 한계. 누가 카바이예스보다 [혹은 집단수용소에서 죽은 그의 보좌관장 장 고세(Jean Gosset, 1912-1944)처럼] 멀리 나아갔을까요? 실은, 바로 여기에 극단적 시험이 있습니다. 그러나 이 시험은 자유의 철학이 일반적으로 영웅주의를 피하거나 그로부터 도망가려고 했다는 것을 증명하지 않는 것처럼 수학자들이 그 자체로, 일반적으로 영웅주의로 귀결된다는 것을 증명하지는 않습니다. 이 시험은 이런저런 형이상학에서 출발하여 정치의 연역성을 증명하는 것이 아니라 오히려 정치가 형이상학으로 환원될 수 없다는 사실을 증명합니다. 왜냐하면 정치는 '일반적으로' 인간을 자유와(또한, 필연성과) 대면하게 하는 것이 아니라, 언제나 유일한 선택을 하게 하고 언제나 다른 필연성을 포함하

는 항상 유일한 상황에 놓이게 하기 때문입니다. 역사에서 인간이 놓인 상황 자체의 형이상학적 환원 불가능성이 이 시기의 공통된 교훈일 것입니다. (FW)

2부
1960년대

Ⅳ 레비-스트로스, 사르트르, 메를로-퐁티

1. 다시 생각하는 인간의 다양성

우리는 문화의 '다양성'이나 '정체성'이라는 것이 얼마나 자주 정치의 장을 오염시키는지 알고 있습니다. 우리에게 익숙했던 소위 '원시인'과 '문명인' 차이의 재현을 구조주의 인류학이 속속들이 무너뜨린 방법으로 문화의 다양성, 혹은 문화적 '정체성'의 다양성을 다루면서, 우리는 이 장에서 이중적인 시도를 하려고 합니다. 우선, 레비-스트로스를 철학자, 더구나 형이상학자로 간주하기는 어렵습니다. 그도 『슬픈 열대 (*Tristes Tropiques*)』(1955)에서 자신이 어떻게 철학과 거리를 두었는지 고백한 바 있습니다. 이어서, 우리가 여기서 명백하게 드러내려고 하는 정치의 시험에는 다소 특이한 성격이 있습니다. 오랜 기간의 도전이라 할 수 있을 겁니다. 이는 계몽주의 철학을 비롯한 모든 철학이 폭넓게 참여한 인간과 문화의 위계화와 특징짓기에 관련된 의식에 단단히 뿌리내린 편견에서 비롯합니다. 과거에나 현재에나 사회가 형성되고 작동하기 위해 매달리는 이념적·정치적 힘에서 편견이 생기므로 이런 편견이 품고 있는 폭력을 부정할 수 없습니다. 그리고 이 폭력은 단지 상징적이지만은 않습니다. 우리가 알고 있듯이 이 폭력은 모든 형태의 인종주의와 그것이 범죄로서 만연하는 기반이 되기 때문입니다.

그렇다면 이 폭력에 어떻게 맞서 싸워야 할까요? 레비-스트로스 저작의 중요한 점은 가치 영역이 아니라 지식 영역에서 편견에 맞선다는 데 있습니다. 이런 편견이 기대고 있는 몇몇 철학적 범주와 구조를 무너뜨릴 위험을 무릅쓰고, 민속학의 방법과 지식은 편견을 여지없이 무너뜨립니다. '차이'에 이런 해방의 힘을 찾아주려면, 서로 다른 여러 문화가 형성하는 관계를 어떻게 통찰해야 할까요? '진보'라는 개념에 따라 구분하는 소위 '원시' 사회와 '문명' 사회의 원칙적 차이에서 시작해봅시다. 진보의 개념은 중심에 있고, 계몽철학에서부터 위계질서의 골격을 구성했습니다. 따라서 모든 문제는 이런 진보 개념이 조직한 구별이 어떤 기준에서 적합한지, 이것이 정확히 무엇을 감추고 있는지를 아는 데 있다고 하겠습니다.

『레비-스트로스와의 대담(*Entretiens avec Claude Lévi-Strauss*)』

(1969)에서 레비-스트로스는 조르주 샤보니에(Georges Charbonnier, 1921-1990)에게 농업, 동물의 가축화, 도기 제조, 직조 같은 활동을 통한 인류의 진보가 아니라 어떤 형태의 지식 자본화가 필연적이 되는 '진보'의 조건으로서 글쓰기의 발명이 내포한 중요성을 환기하면서 이 문제에 답합니다. 이런 발명과 연관된 사회에 대한 연구는 글쓰기의 출현이 항상 어떤 결정된 현상, 즉 '인간의 인간에 의한 착취에 바탕을 둔' 주인과 노예의 사회를 형성하게 하는 엄격한 위계 조직과 연관되어 있다는 사실을 말해줍니다. 이처럼 일반적으로 진보 개념에 부여하는 긍정적인 가치가 대번에 상대화되고 위태로워집니다. 우리가 '진보'라는 개념을 변별적 범주로 삼고자 한다면, 이 구별이 일부가 전체를 착취하는 사회와 그러지 않는 사회의 대립을 은폐한다는 사실을 인정해야 하기 때문입니다. 뜨거운 사회(즉 착취를 은폐하는 사회)의 운영이 구성 요소 사이의 온도 차를 전제하고, 각 요소가 에너지를 생산하고 소비하는 열역학 기계에 비교될 수 있다면, 이에 비해 차가운 사회의 경우 초기에 공급된 에너지로 무한히 작동하도록 예정된 기계와 같은 것으로 이해해야 합니다. 이처럼 증기 기관과 비슷한 '뜨거운 사회'와 괘종시계를 닮은 '차가운 사회'가 서로 대조

됩니다. 뜨거운 사회가 질서를 세우는 데 필요한, 물리학자들이 '엔트로피'[1]라고 부르는 무질서 상태의 성향이 있다면, 차가운 사회는 되도록 오랫동안 처음 상태를 유지합니다. 바로 이런 이유로 우리는 이 사회가 역사도 진보도 없다고 상상합니다. 그리고 여기서 뜨거운 사회의 생산적 무질서는 사회의 분할(노예, 농노, 계급 분할)을 내포하고, 차가운 사회가 갖춘 관성의 힘은 분열에 맞선 자체적 보호를 전제합니다. 이런 것이 바로 진보 개념이 은폐하는 차이입니다. 이 차이는 어떤 사회를 앞으로 나아가게 하고 다른 사회를 뒤처지게 하는, 결정적이고 차별적인 역량으로 환원되지 않습니다. 이 차이에 의해 엔트로피가 없거나 미약한 사회와 자신이 만들어내는 사회적 차별화로 매 순간 폭발적 과열의 위험이 있는 사회가 구분됩니다.

사회와 문화를 구분하면서 조금 더 정교하게 분석해봅시다. 문화와 사회의 혼동 혹은 하나가 다른 하나에 겹쳐지는 상황이 가장 끈질긴 편견의 기원인 만큼, 이런 구분이 필요합니다. '문화'는 '주어진 문명에서 사람들이 세계와 맺는 관계의 총체'를, '사회'는 '사람들이 그들끼리 유지하는 관계 맺음'이라는 정의

---

1) entropy: 자연 물질이 변형되어, 다시 원래 상태로 환원될 수 없게 되는 현상을 말한다. 에너지 사용으로 결국 사용 가능한 에너지가 손실되는 결과를 가져온다. 옮긴이.

를 인정한다면, 사회는 여기저기에서 사회적 갈등이나 정치적 분쟁 등의 엔트로피를 만들고, 문화로서 사회는 질서, 즉 우리가 보통 '문명의 위대한 업적'이라고 부르는 질서를 형성한다는 사실을 인정해야 합니다. 하나는 다른 하나 없이 진척되지 않습니다. 소위 '문명화된' 사회는 '진보'하기 위해서 문화적으로 새로운 형태의 지배와 착취를 지속적으로 고안해내는 것이 필요합니다. 제국주의와 식민주의에 다른 설명이 있을 수 없습니다. 레비-스트로스가 1962년 출간한 중요한 책,『야생의 사고(*La Pensée sauvage*)』(1962)에서 저자가 비록 그것을 부인하지만, 이런 분석의 정치적 의미를 파악하기는 어렵지 않습니다. 그의 분석은『사회계약론(*Du contrat social*)』(1762)과『인간 불평등 기원론(*Discours sur l'origine et les fondements de l'inégalité parmi les hommes*)』(1755) 같은 루소의 유산을 전적으로 수용하는 탈중심 혁명을 시도합니다. 사회와 문화의 다양성에 관한 모든 설명에는 생물학적 어떤 요소도 고려의 대상이 되지 않는다는 사실에 주목합시다. '인종'이라는 말이 일절 사용되지 않을뿐더러 더 나아가 이 시점부터 다양성이 묘사하는 어떤 차이도 '종의 불평등' 개념으로 해석하거나 설명하기가 불가능해집니다. 그리고 또 다른 요소가 있습니다. '문화의 진보'가 필연적으로 '사회적 불평등의 확대'라는 대가를 치르게 된다면, 그리고 '창조의 질서'가 (한 계급의 다른 계급에 대한, 한 민중의 다른 민중에 대한 지배 등) '지배의 무질서'를 전제한다면, 소위 '문명화된' 사회는 근본적으로 그리고 동시에 자신과 다른 사회에 대한 시선을 변화시켜야 하는 시점에 있다는 것입니다.

그래서 우리는 이렇게 근본적인 두 번째 쟁점, '자민족 중심주의' 비판에 이릅니다. 이 말은 그 자체로 비판이 '정치적'임을 의미합니다. 무엇에 관한 것인지를 이해하려면 철학에서 자주 그러듯이 놀라움, 혹은 이중적인 경탄이기도 한 사실 확인에서 출발하는 것이 좋습니다. 짧은 에세이 『인종과 역사 (Race et histoire)』(1952)에서 레비-스트로스는 자민족 중심주의 문제점을 다음과 같이 요약합니다.

인류 문화의 다양성은 사실 현재에도 그렇지만, 당연히 우리가 결코 알지 못할 만큼 훨씬 더 위대하고 훨씬 더 풍부하게 과거에도 있다.[2]

오늘날에도 우리는 이런저런 이방 문화의 풍부함과 위대

---

2) Claude Lévi-Strauss, *Race et Histoire*, Paris, Éditions Gon- thier, 1961, p. 14.

함을 부정하는 불관용의 모든 형태와 표명이 끊임없이 재출현하는 것을 무력하게 지켜봅니다. 감탄할 줄 아는 것이 정치를 업으로 삼은 수많은 사람에게 결핍된 첫 번째 자질이고 여전히 부족해 보일 때 (우리가 곧 진행할 것처럼) 그 의미를 잘 가늠할 수 있다는 전제에서 이 첫 번째 확인은 정치적으로 관련이 있다고 볼 수 있습니다. 그러나 앞서 우리는 이 진술이 자아내는 경탄이 이중적이라고 했습니다. 다시 말해 논쟁의 여지 없이 이 첫 번째 진술을 보완하는 또 다른 확증된 사실이 있다는 것입니다. 즉 지리적 거리가 어떠하든, 속한 환경과 관련된 특성이 무엇이든, 어떤 무지가 남아 있든, 어떤 문화도 "다른 모든 문화와 동떨어져" 발전하지 않는다는 사실입니다. 이를 한마디로 말하자면, "인류의 여러 사회는 결코 고립되어 있지 않습니다." 바로 여기에 레비-스트로스가 전하는 중요한 교훈이 있습니다.

> 인간 문화의 다양성은 우리를 파편화하는 혹은 파편화된 관찰로 인도해서는 안 된다. 다양성은 여러 집단의 고립보다는 집단들을 서로 연결하는 관계들에 달려 있다.[3]

---

3) *Ibidem*, p. 17.

여기서 '관계들'은 어떤 것을 말할까요? 이를 이해하고 연구하는 방법은 어떤 것일까요? 이 질문에 대답하려면, 우리가 조금 전에 언급한 이중적 사실로부터 결과를 도출해야 합니다. 인간의 다양성이 제기하는 첫 번째 문제, 더 정확히 말해서 인간의 다양성 연구가 피해야 할 첫 번째 장애는 바로 이 문제를 바라보는 우리의 관점입니다. 즉, 레비-스트로스가 복합적인 표현을 통해 고발한 '잘못된 진화주의' 함정에 빠져서는 안 됩니다. 이것은 문화의 다양성을 부정하고, '인류의 진보'라는 유일하고 공통적인 발전의 결정된 여정의 단계 혹은 시기의 관점에서 현재든 과거든 문화를 평가하려는 태도입니다. 이런 관점은 앞섰든 뒤처졌든 모든 문화를 결국 같은 과정을 거쳐 구현되도록 운명지어진 동일하고 유일한 인간종의 산물로 간주하는 특성이 있습니다. 그리고 발전 이전 단계에 있다고 보는 사회도 발전 이후 단계에 있다고 보는 사회만큼이나 풍부하고 복합적인 역사가 있다는 사실을 부인합니다. 이런 위험을 피하기 위해 두 형태의 역사, 소위 '문명화된' 사회의 특징인 축적형 역사와 '원시적'이라고 부르는 사회의 특징인 고정형 역사를 구분하는 대안적 견해로 유일 선형의 도식을 반박할 수도 있을 겁니다. 하지만 그럴 때 무엇이 역사를 고정적이라고 말할 수 있게 하느냐는 문제가 남습니다. 개별적인 준거-문화를 통해 다른 여러 문화의 다양성을 평가하는 만큼, 이 또한 여전히 '자민족 중심주의적' 전망은 아닐까요? 레비-스트로스가 설명하듯이 "우리가 사용하는 준거 체계에서는 발전의 진행을 측정할 수 없으므로"[4] 모든 "발전 노선이 우리에게 아무 의미 없는" 다른 문화를 "고정적"이라고 판단하는 것은 자기모순의 함정에 빠지는 것은 아닐까요?

따라서 이것은 정치적 함의가 있음을 부인할 수 없는 시험입니다. 무엇보다도 너무 손쉽게 사로잡히는 자민족 중심주의의 다층적 그물망의 시험입니다. 인간과학[5]의 근본적인 전복 없이 인류학은 물론 철학도 넘어설 수 없는 시험입니다. 우리 고유의 준거 체계가 이질적 문화에 강요하는 변형을 통하

---

4) *Ibidem*, p. 42.

5) 원문의 science(과학) de l'homme(인간), science(s) humaine(s)을 '인간과학'으로 번역한다. 자연과학에 대응한 사회과학(Sciences humaines et sociales)이 일반적이지만 첫째, 인간과학은 프랑스적 표현이며 둘째, 여기서는 인간을 둘러싼 문제를 인류학, 민속학, 철학, 사회학, 그리고 정치에서 이들의 관계를 통해 다루고 있기 때문이다. 제2차 세계대전 이후 이 용어는 인간의 정신과 행동을 연구하는 영역을 일컫던 '도덕과학(sciences morales)'이라는 용어를 대체한다. 이 개념은 심리학과 사회학을 포함하지만, 역사와 일부 인류학(anthropologie physique)은 배제하면서도 심리생리학(psycho-physiologie)은 포함했다. 이런 용어 사용 자체가 '인간'에 대한 이해를 보여주는 과정이다. 이 책에서는 이 문제가 실존주의, 구조주의, 그리고 이후에 어떻게 달라지는지 볼 수 있다. 옮긴이.

지 않고, 단지 이질적 문화의 사실만을 평가할 수 있을까요? 모든 질문은 여기에 있습니다. 그리고 자민족 중심주의가 서구 문명이 우월한 발전 모델을 구축했다는 생각과 심각하게 혼동되어왔다면, 집요한 유럽 중심주의가 지배하는 환상에서 어떻게 벗어날 수 있을까요? 그런 점에서 1950-60년대에 출간된 레비-스트로스의 책들은 결정적이어서 모두 인용해야겠지만, 그중 특별히 출간 때부터 훌륭한 철학서로 평가된『야생의 사고』에 관심을 집중하겠습니다. 2년 앞서 출간된 사르트르의『변증법적 이성 비판(Critique de la raison dialectique)』(1960)에 대한 근본적 비판인 마지막 장, 「역사와 변증법(Histoire et dialectique)」을 고려하면 틀림없이 그렇습니다. 그러나 또 다른 측면이 있습니다. 이 책의 쟁점은 조금 전에 언급한 모든 함정을 피하는 방식으로 소위 '원시적' 사고와 언어에 대한 이해를 제안하기 때문입니다. 사실상 원시적 사고와 근대 과학적 사고 사이에 수준의 차이나 지적 정도의 차이가 없으며, 과학은 객관적 지식에 관심을 두고, 야생적 사고는 유기체적·경제적 필요에 편협하게 몰두한다는 생각이 잘못됐음을 보여주려는 것이 레비-스트로스가 추구한 목적입니다. 그는 세계가 '사유의 대상'이므로 두 사유는 '비교할 만한 지적 전개와 관찰의 방법'을 갖추고 있음을 밝힙니다. 따라서 그의 연구는 이 '다른' 사유가 어떤 지적인 엄격함을 따르고 어떻게 작동하는지, 다시 말해 발명에 대한 관심과 분류 체계에 따라 어떻게 '세계에 초기 질서'[6]를 도입하는지를 보여줍니다. 요컨대, 야생의 사유 혹은 주술적 사유, 즉 의례와 신화의 사유는 현대 과학보다 덜 과학적이지도 않고 인간 정신 발전의 열등한 단계를 의미하지도 않지만, '구체의 과학'으로서 실재적 결과에 나타남을 명백히 밝힙니다. 이처럼 레비스트로스의 연구는 '인류의 어린 시절'이라는 가정으로 환원하지 않고도 그가 다음과 같이 부르는 것에 남아 있는 사회 형태대로 접근할 수 있게 합니다.

어떤 형태의 발견들에 정확하게 적응했던 (그리고 아마도 존속할) 관찰과 성찰의 방식. 감각적 용어들에 의한 감각적 세계의 사변적 조직과 활용으로부터 자연이 허용한 발견들.[7]

이 야생의 사고를 어떻게 묘사해야 할까요? 결론에서 레

---

6) Claude Lévi-Strauss, *La Pensée sauvage*, in *Œuvres*, Paris, Gallimard, 2008, coll. «Bibliothèque de La Pléiade», p. 568.
7) *Ibidem*, p. 576.

비-스트로스가 사용한 모델, 즉 목수의 모델을 통해 이를 생각해봅시다. 목수처럼, 야생의 사고는 손에 쥔 것으로 사고합니다. 이것이 신화적 사고의 고유성입니다. 레비-스트로스는 야생의 사고가 정해진 수, 다소 불규칙한 일정한 목록에 따라 표현한다고 설명합니다. 그리고 이것이 "지적 목공"[8]을 구성합니다. 따라서 모든 것은 이 요소들을 이해하는 방식에 달렸습니다. 이 요소들은 이미지나 개념으로서가 아니라 소쉬르 (Ferdinand Mongin de Saussure, 1857–1913)의 분석에 비추어 기표와 기의의 조합처럼 기호로 이해되어야 합니다. 이런 것이 야생의 사유가 조합하는 구성단위입니다. 그런데 야생의 사유는 이 요소들을 완전히 자의적으로 조합하는 것이 아니라 (이 부분이 매우 중요한데) '언어, 거기서 구성단위가 이미 어떤 의미를 내포한 언어'를 고려해서 조합합니다. 이처럼 '야생의 사고'는 임의적이지 않습니다. 야생의 사고는 새로운 구조에 따라 요소들을 재배열하기 전에 매번 목록을 다시 작성하는 역사와 의미로 채워진 요소들과 함께 작동합니다. 이런 의미에서 야생의 사고는 "거기서 새로운 의미를 발견하기 위해 야생

---

8) *Ibidem*, p. 577.

의 사유가 지칠 줄 모르고 배치하고 재배치하는"[9] 사건들, 혹은 사건의 잔여물들과 함께 활동합니다. 이를 밝히고자 하는 민속학자의 연구에서 우리는 과학적이고 정치적인 연구의 의의를 곧 알아차릴 수 있습니다. 인류학자에게 '구조적' 존재는 자민족 중심주의의 위험을 피할 뿐 아니라, 각각의 문화를 서로 연결하는 어떤 관계도 보지 않으려는 절대적 개별성에 갇히는 오류 또한 피하는 존재입니다. (MC)

2. 구조, 실존, 역사

20세기 이후 프랑스 철학에서 사실상 하나 이상의 본질적 쟁점이 된 하나의 모순 명제를 생각해봅시다. 자신을 철학자가 아니라 학자, 인간과학과 인류학의 대표자로 간주해온 인물, 즉 클로드 레비-스트로스의 사유가 철학에 큰 영향을 끼쳤다는 사실은 모순처럼 보일 수 있습니다. 더욱이 정치뿐 아니라 더 광범위한 철학의 여러 영역에까지 영향을 끼친 레비 스트로스의 사유는 내용이나 명제의 독창성뿐 아니라 이전 다른

---

9) *Ibidem*, p. 582.

사유들과 명백한 단절을 이루면서 당시와 이후 다른 사유들에 영향을 끼치고 역사에도 흔적을 남겼습니다. 『구조주의 인류학(*Anthropologie structurale*)』(1958) 같은 저작의 중심에 있는 '구조'라는 명확한 개념에 집중된 그의 사유는 전 세계적으로 유명한 '구조주의'라는 사상적 조류를 형성했습니다. 그러나 이런 모순은 어쩌면 표면적일 뿐이고, 사실은 더 깊은 진실을 감추고 있을지 모릅니다. 철학적 문제에는 항상 다음과 같은 세 가지 측면, 혹은 조건이 있습니다. 첫째, 철학적 문제는 (여기서는 인간과학의) 원칙적 문제에 합류하는 한 경험이나 과학에서 비롯합니다. 둘째, 철학적 문제는 이처럼 원칙에까지 접근하는 독창적인 사유(여기서는 레비-스트로스의 사유)의 대상이 됩니다. 셋째, 철학적 문제는 단지 외적인 것이 아니라 집중이나 단절에까지 이르는 차이를 통해 그 독창성이 드러나게 하는 관계에 포함됩니다.

잠시 후에 우리는 다양한 형태의 '구조주의'를 탄생시킨 레비-스트로스의 사유가 끼친 영향을 살펴보겠지만, 우선 두 가지 비판적 관계를 통해 그 독창성에 주목해봅시다. 하나는 1962년 사르트르와 벌인 격렬한 논쟁이며(물론, 사르트르도 1966년 유명한 대담을 통해 그에게 답합니다) 다른 하나는 1961년 세상을 떠난 메를로-퐁티와의 관계입니다. 레비-스트로스는 메를로-퐁티의 사유에 깊은 경의를 표했지만, 이미 그 안에 두 사람이 서로 인정하는 차이가 숨어 있었습니다. 이처럼 공통적이고 중대한 하나의 문제를 통해 두 가지 관계, 두 개의 글을 구체적으로 검토해보기로 합니다. 물론, 이 문제는 필연적인 결과나 정치적 '시험'과 무관하지 않으며, 또한 더 공부할 여지를 남깁니다.

사르트르와 레비-스트로스의 논쟁

레비-스트로스가 사르트르와 벌인 논쟁은 그의 대작 『야생의 사고』의 결론에서(결론에서 드러난다는 것 또한 중요합니다) 구체화됩니다. 마치 사르트르 사유와의 비판적 대화에서 레비나스의 모든 사유가 정점에 이르는 것처럼 진행되면서, 레비-스트로스도 이 계기를 통해 자신의 생각을 철학적·비판적으로 검토하게 됩니다.

이 논쟁의 가장 개괄적인 쟁점은 철저하고 근본적인 '전복(顚覆)'이라는 한마디로 요약할 수 있을 겁니다. 그렇다면, 어떤 전복을 말하는 것일까요? 이렇게 설명해봅시다. 레비-스트로스에게 쟁점은 소위 '원시적' 혹은 '야생적'(그리고 비논리적이고 비합리적이라고 추정된) 사고가 '역사'에서 제자리를 찾게 해줌으로써 그 궁극적인 의미를 부여하고, 현재에서 정점에 도달하게 하는 것이 아니었습니다. 오히려 그 반대였습니다! 역사와 특히, 역사에 대한 동시대 사유, 그 환상과 오류를 야성적 사고라는 도구를 통해 전면적으로 다시 사유하는 것이었습니다. 이 사유는 실제로 논리적일 뿐 아니라 우리 사회에서, 그리고 우리 각자의 내면에서 여전히 기능하는 인간적 사고입니다. 이 사고가 요구하는 엄격함과 '구조' 개념을 통해 전반적인 인간의 '사고'를 연구한다면, 소위 '야생적 사고'는 인간의 사고를 실제로 더 잘 이해하게 해줍니다. 따라서 이것은 '인간'의 이미지 자체까지 뒤집어엎는 총체적이고 근본적인 전복이라고 말할 수 있습니다.

전통 철학과 마찬가지로 실존주의 철학에서도 야생적 사고는 (1960년대 사르트르가 실존주의와 마르크시즘을 절충했던 것처럼) 역사적이고 변증법적이며 자유로운 존재로 간주된 인간의 발전 과정을 통해 이해하게 됩니다. 그러나 우리는 이 문제에 반대로 접근해야 합니다. 무엇보다도 담론과 지식으로 파악된 역사를 야성의 사고 속에, 인간 사유의 논리 속에, 논리와 문화와 언어의 존재이자 의미의 창조자가 아니라 의미의 구조에 의해 구조 안에서 창조된 존재로 이해된 인간 속에 다시 위치시켜야 합니다. 그래야만 마침내 이 토론의 의의를 이해할 수 있습니다. 그리고 또한 레비-스트로스가 『야성의 사고』 끝부분에서 사르트르와 벌인 논쟁에 부여한 의미도 이해할 수 있습니다. 모든 면에서 정반대로 보이는 상대와 벌인 비판적 토론은 그가 이 책에서 실현한 철학적 혁명의 중요성을 가장 잘 드러냈고, 나아가 매우 중요하고 심오한 레비-스트로스 본래 기획의 의의를 잘 이해하게 해줬습니다.

이제 마지막 장인 「역사와 변증법」의 세 단계를 간략하게 살펴봅시다.

먼저 레비-스트로스는 인간이 체험한 역사, 특히 근대적 인간과 현대 철학자가 기초적인 사실로 체험한 역사의 이면에 진정으로 기초적인 또 다른 사실이 감추어져 있다고 보았습니다. 이 사실은 바로 다양한 인간 사회의 문화와 언어에 상징적 구조가 존재한다는 것입니다. 이처럼 여러 인간 사회에는 비록 서로 다르지만 모두 이런 '구조적인' 특성이 있습니다. 근본적인 것은 인간에게 의식적으로 부여된 의미가 아니라 오히려 인간에게 감춰진 객관적 의미입니다. 레비-스트로스는 심지어 의도적으로 이것을 '비-인간적'인 의미, 소쉬르와 야콥

손(Roman Jakobson, 1896-1982)의 현대 언어학이 그렇게 규정했 듯이 문화나 특히 언어 같은 기호의 체계에서 부여된 의미로 보았습니다. 레비-스트로스는 이렇게 말합니다. "언어학은 우리를 변증법적이고 총괄적인, 그러나 의식과 의지에 외부적인 (혹은 하위적인) 존재와 마주하게 한다."[10]

아이러니하게도 객관적 구조 묘사가 아니라 오히려 주체성의 중심을 묘사하는 파스칼의 유명한 사유를 인용하면서 그는 "언어는 인간이 모르는 자기 이성을 갖춘 인간 이성이다."라고 덧붙입니다. 그가 말하는 것처럼 "거기에 인간의 비판이 부러뜨릴 수 없는 (사르트르의 표현을 빌리자면) 뼈가 있다."[11]

인간은 기호로 구성된 객관적 체계로서의 언어와 문화를 비록 장악하지는 못해도 스스로 구축한 어떤 의미에 따라 인간을 정의합니다. 다시 이런 언어와 문화의 분석으로 돌아오겠지만, 지금 여기서 중요한 것은 레비-스트로스가 가장 명확하고 획기적인 방식으로 사르트르에게 제기한 '전복'의 의미입니다. "인간과학의 최종 목표는 인간의 구축이 아니라 와해다."[12] 1966년, 역시 사르트르에 반대하여 푸코가 벼리는 유명

---

10) Lévi-Strauss , *La pensée sauvage*(1962), Presse-Poket, p. 300.

11) *Ibidem.*, p. 301-302.

12) *Ibidem.*, p. 294.

한 표현, '인간의 죽음'을 앞서 듣는 것 같습니다.

덜 유명하지만 그렇다고 덜 중요하지 않은 두 번째 단계입니다. 결과적으로, 레비-스트로스는 역사가 신화라는 것을 다시 한 번 보여주는데, 이것은 역사가 환상이라는 뜻이 아니라 그 구조가 소위 '원시' 사회의 신화와 같다는 사실을 보여준다는 것입니다. 사실, 구조주의 인류학자에게 이 신화 구조들은 보편적인 인간 사고의 비밀을 간직하고 있습니다. 역사에서 중요한 것은 경험하는 의미가 아니라 구조화된 의미라는 것, 자유로서가 아니라 지식과 방법으로서의 역사, 인간사를 공간이 아니라 시간에 따라서 분류하고 코드화하는 것을 제외하고는 하나의 사고와 같은 또 다른 사고임을 보여주므로 이 단계는 결정적입니다. 이로써, 변증법적 자유 존재로서 인간에게 고유한 것으로 전제되는 존재나 실존 방식, 역사성으로서가 아니라 지식과 글쓰기로서 사료 편찬적 의미에서 역사를 생각해야 한다고 말할 수 있습니다. 레비-스트로스의 사르트르 비판은 더 나아갑니다. "역사성을 초월적 휴머니즘의 궁극적 안식처로 삼으려는 숨겨진 목적에서 우리에게 필수불가결하다고 주장된 동치(同値)에 이의를 제기해야 한다."[13]

---

13) *Op. cit.* , p. 312.

그러나 '자유와 환상'[14]을 토대로 이루어진 휴머니즘에 대한 레비-스트로스의 비판이 모든 휴머니즘을 향한 것은 아닙니다. 1960년대 구조주의가 '반(反)휴머니즘'을 표방했다면, 이는 '이론적'이라는 전제에 따랐을 뿐입니다. 레비-스트로스는 실질적 관점만큼이나 이론적 관점에서도 하나의 휴머니즘을 다른 휴머니즘으로 대체하려고 합니다. 그의 이런 시도는 나중에 그가 사르트르와 토론한 내용을 기록한 유명한 논문 「두 가지 휴머니즘(Les deux humanismes)」에도 나타나고, 우리가 지금 논의할 세 번째이자 마지막 단계에도 나타납니다.

사실, 마지막 장의 목적은 간단한데, 그것은 먼저 사르트르를 비판하고 나서 야성의 사고를 통해 각 사회의 의미, 그리고 가치를 형성하는 각 사회의 서로 다른 문화에서 체현된 인간 사유의 다양성과 현실을 복원하는 과정을 보여주는 데 있습니다. 따라서 다양한 문화는 연구되어야 하고, 그대로 보존되어야 합니다. '역사'라는 신화는 예속이나 파괴를 너무도 자주 정당화했습니다.

레비-스트로스는 (사실 우리 사유에도 숨어 있는) '야성적 사고'가 우리의 사고보다 훨씬 더 논리적이고 상징적이라는 점

---

14) *Op. cit.*, p. 313.

을 강조합니다. 야성적 사고에서 인간 삶의 모든 것은 의미·차이·구조인데, 예를 들어 '삶'과 '죽음'은 생물학적 어휘뿐 아니라 문화적 어휘에서도 코드화되어 있습니다. 그는 "죽음과 탄생을 과학적 사고로 변환하는 과정에서 단순한 생물학적 과정에 부합하지 않는 모든 것을 배제하고, 삶과 죽음이 다른 의미와 결합하는 것을 어렵게 했다."라고 말합니다. 이처럼 바르트(Roland Barthes, 1915-1980)가 '구조적 인간'이라고 부르는 새로운 영역이 열립니다.

이상이 우리가 그 의의를 평가해본 쟁점으로, 이번에는 레비-스트로스와 메를로-퐁티의 관계를 간략하게 살펴보면서 이를 조금 더 명확히 밝혀보고자 합니다.

메를로 퐁티와 레비-스트로스의 관계

클로드 레비-스트로스가 그의 책 『야성의 사고』를 집필하던 해 여름, 절친했던 모리스 메를로-퐁티가 책상 앞에 앉아 있다가 돌연히 사망합니다. 메를로-퐁티는 콜레주 드 프랑스에 레비-스트로스를 추천하고 지지해줬고, 메를로-퐁티의 사유가 보여준 중요성과 혁신성을 높이 평가했던 레비-스트로스는 콜레주 드 프랑스의 일원이 됐습니다. 하지만 그는 이런

사실이 『야성의 사고』를 메를로-퐁티에게 바친 유일한 이유는
아니라고 말합니다.

어찌 됐거나 그가 살아 있었다면, 시몬 드 보부아르와 함께
교수 자격시험 전날, 교육 실습에서 만났던 1930년으로 거
슬러 올라가는 대화의 지속 같았을 것이다.[15]

레비-스트로스는 또다시 분명히 밝힙니다.

후반부가 사르트르 저작의 논평에 할애된 책의 첫 장에 모
리스 메를로-퐁티의 이름이 등장하는 것에서부터 내가 그
들을 서로 대립시키려고 했다는 사실을 아무도 추론하지
못할 것이다.[16]

그런데 이 글은 두 가지 의미로 해석할 수 있습니다. 하나
는 그가 명백히 비판했던 사르트르와의 관련성을 강조했다는
의미, 그리고 다른 하나는 여러 면에서 매우 가까웠고 1950년

---

15) *Op. cit.*, Préface, p. 5.
16) *Ibid.*

대 내내 그 중요성을 강조했던 메를로-퐁티의 사유와 이론적
으로 거리를 두었다는 의미입니다.

　메를로-퐁티도 이런 사실을 잘 알았고, 레비-스트로스에
관해 쓴 그의 글을 읽어보면 한편으로 의미와 구조에 관한 그
의 새로운 이론을 깊이 이해하고 인정했음을 알 수 있습니다.
다른 한편으로 두 사람 사이에 깊은 차이가 있음을 말해주고
있습니다. 이 차이는 또한 현실적으로 철학적 두 '시기' 사이
단절의 핵심이기도 합니다.

　이제 메를로-퐁티가 1960년 재출간하는 그의 마지막 논문
집 『기호들(Signes)』(의미심장한 제목입니다)에 실린 한 편의 글,
「모스에서 클로드 레비-스트로스까지(De Mauss à Claude Lévi-
Strauss)」에 관해 몇 가지만 이야기하겠습니다. 그는 시작부터
모든 것을 말합니다.

　　'사회 인류학'이라는 것은 사회적인 것에도 인간처럼 양극,
　　양면이 있다는 사실을 받아들일 때 사회학이 된다. 이것은
　　의미심장하다. 우리는 이것을 내적으로 이해할 수 있으며,
　　또한 거기서 개인의 의도는 일반화되고 완화되고 과정을
　　지향하고, 유명한 표현을 빌려 말하자면 사물에 의해 매개

된다는 것을 이해할 수 있다.[17]

　메를로-퐁티는 클로드 레비-스트로스가 언어학의 구조 개념을 일반화하여 정착시킨 구조 개념, 의미의 매개화·객관화의 중요성을 보여주기는 하지만, 기호 사이에서 인간 자신을 위한 인간적 경험이라는 의미로 내면을 중시하는 자신의 입장을 결코 포기하지 않습니다. 메를로-퐁티에게 모든 것은 '사이' '기호 사이'라는, 별로 특별할 것 없는 표현에서 결정됩니다. 구조주의 인류학이 보여주는 것처럼, 의미는 기호 사이의 관계, 차이, 따라서 기호 사이에서만 존재합니다. 그러나 메를로-퐁티는 그 기호 사이에서도 우리 존재와 사물, 자연, 세계와 역사의 존재에 대한 착상은 보존된다고 말합니다. 의미의 차이는 단순히 체계에 따른 것일까요, 아니면 체계의 틈, 구멍에서 비롯한 것일까요? 구조와 존재, 동시에 구조와 차이 사이의 관계에 관한 1960년대 모든 쟁점은 정치적 의의도 있는 이 문제와 관련이 있습니다. 이런 첫 번째 의미를 인정해야 합니다.

　이처럼 여러 사회적 체제의 토대에 형식적인 하부 구조가

---

17) Merleau-Ponty, «De Mauss à Claude Lévi-Strauss», in *Oeuvre*, op.cit., p. 149.

드러난다. 이를 무의식적 사고, 인간 정신의 예견이라고 말해도 좋을 것이다. 마치 과학이 사물 속에서 이미 형성됐던 것처럼, 문화의 인간적 질서가 다른 불변의 것들이 지배하는 자연의 두 번째 질서이기라도 한 것처럼.[18]

이 글 자체로 메를로-퐁티는 (레비-스트로스와 달리) 체계에 완전히 환원되지 않는 인간적 의미가 있음을 보여줍니다.

가장 아름다운 형태, 적어도 가장 효과적인 형태의 문화는 오히려 자연의 변형, 일련의 매개, 거기서 구조가 결코 순수한 보편으로서 출현하지 않는 문화다. 우연이 담보된 형태가 갑자기 미래의 주기를 열고, 기관의 권위로 그것을 통제하는 이 한복판을 '역사'라고 부르지 않으면 무엇이라고 부르겠는가? (…) 인류학에서 철학자의 관심을 끄는 것은 그것이 삶과 인식의 실제 상황에서 인간을 있는 그대로 포착한다는 데 있다. 인류학이 관심을 보이는 철학자는 세상을 설명하거나 건설하려는 사람이 아니라 존재에서 인간

---

18) *Ibid.*

의 실현을 심화하려는 사람이다.[19]

메를로-퐁티의 사망은 사르트르가 레비나스와 완전히 결별한 1966년 이후, 그리고 이 단절이 구조주의에 초래한 영향을 넘어 일치와 불일치 사이에서 메를로-퐁티와 레비-스트로스 대화의 단절을 초래했을 것입니다.

그러나 비록 단절이 있었다고 해도, 이런 긴장은 인간의 경험과 사회 과학에서 동시에 출현하는 여러 가지 문제에서부터 관계와 독창성이 지속된다는 것을 보여줍니다. (FW)

---

19) *Ibid.*, p. 199

V 푸코와 들뢰즈

1. 형이상학적·정치적 비판, 구조와 차이 사이

우리 여정은 이제 '형이상학'에 대한 비판, '정치의 시험'에 든 형이상학에 도달한 것으로 보입니다. 앞서 공부했고 지금 다시 살펴볼 개념, 인간과학에서 출발하여 점점 더 철학의 모든 영역으로 확장된 '구조' 개념을 통해 형이상학과 더불어 정치를 (매우 급진적으로) 비판했던 철학과 철학자들을 공부하게 됐다는 점에서 그렇습니다. 그런데 우리는 이들 철학에서 구조 개념의 다른 측면, 즉 '차이'라는 개념을 통해 급진적 정치와 형이상학의 혁신을 살펴볼 수 있습니다. 따라서 우리는 오늘, 새로운 공통 문제가 제기한 시험을 계기로 형이상학과 정치를 비판할 뿐 아니라 혁신할 수 있을지도 모릅니다. 그 문제는 바로 구조와 차이입니다.

구조와 차이를 이해하려고 할 때 우리는 이 두 개념이 중심이 됐던 학문 분야에서 그 관계를 확인할 수 있습니다. 그 분야는 바로 언어학이고, 이런 문제를 제기한 사람은 세기 초 언어학자 페르디낭 드 소쉬르입니다. 곧이어 '구조주의'라고 부르게 될 언어학에서 언어는 다름 아닌 구조입니다. 다시 말해 언어는 구성 요소의 본질이 아니라 이들이 서로 맺고 유지하는 '관계'에 의해 상대적으로 가치가 생기는 특별한 체계입니다.

의미는 기호와 세계(혹은 개념)의 관계가 아니라 기호 사이 관계에서 발생합니다. 따라서 의미는 '차이적'입니다(언어학자들은 '변별적'이라고 말하기도 합니다). 'ta-ble(타-블, 상)'이라는 단어의 의미는 이것이 현실 세계에 존재하는 상과 맺는 관계를 통해 이해할 수 없고, 차이들의 전체 체계인 프랑스어에서 'fa-ble(파-블, 이야기)'이라는 단어와 대립하여 구별됨으로써 이해할 수 있게 됩니다. 의미는 개별 기호나 전체에 있는 것이 아니라 '둘 사이', 기호 사이에 있습니다. 언어는 체계, 더 정확히 말해서 차이의 체계입니다. 메를로-퐁티가 여전히 찾으려고 했던 것과 달리 기호와 사물 사이 수직적 차이는 없으며, 단지 기호 사이에 수평적 (혹은 내재적) 차이가 있을 뿐입니다. 그러나 이 차이는 더욱 근본적입니다. 아무것도 존재하지 않거나, 아니면 이것과 나머지 모든 것의 차이만이 존재하기 때문입니다. 그렇다면, 이는 언어구조를 넘어, 정치를 비롯해 우리 삶에서 차이의 경험에 더는 여지를 주지 않는 걸까요? 차이의 경험은 정치 내부에서, 예를 들어 형이상학적 의미를 되찾기 위해 더 진행될 수 있을까요?

형이상학과 정치의 구조적 비판에서 시작해서 '순수한' 차이라고 할 수 있는 것의 시험을 거쳐, 그리고 순수한 차이가 마침내 또 다른 차이를 향해 우리를 인도하거나 다시 인도하지 않는지 질문하면서 이 문제를 간략하게 살펴보겠습니다.

형이상학과 정치의 비판

비판을 표면적 단일성 뒤에 숨은 다중성, 적어도 이원성을 확인하는 행위로 이해한다면, 조금 전에 언급한 사실들을 바탕으로 구조주의의 동기에 어떤 점에서 본질적으로 비판적 의의가 있는지 새롭게 이해할 수 있습니다. 이것은 (롤랑 바르트의) 구조주의적 '제스처'[그가 『비판적 에세이(*Essais critiques*)』(1964)에서 '구조적 인간'이라고 부른 것]로서 언어학자들이 언어의 자율적 사용 이면에서 언어의 구조를 찾는 것과 비슷한 방법으로 이런저런 사물 혹은 경험의 표면적이고 즉각적인 의미 뒤에 숨어 있으면서 그 의미가 구체적으로 실현되게 하는 구조를 밝히는 작업입니다. 무엇보다도 '과학적'이고자 했던 이

제스처는 미셸 푸코가 1966년『말과 사물(*Les mots et les choses*)』에서 사용했고, 우리가 이미 인용한 유명한 표현, '인간의 죽음'으로 핵심을 정리하려고 시도할 정도로 1960년대 프랑스 인간 과학 분야에서 크게 확대됐습니다. 마치 신대륙을 찾으러 떠난 크리스토퍼 콜럼버스가 엉뚱한 대륙을 발견한 것처럼 실제로 모든 일이 진행됐습니다. 인간을 찾아 떠났던 이들 인문학자는 무엇을 발견했을까요? 바로 언어입니다. 이 제스처는 라캉(Jacques Lacan, 1901-1981)의 연구를 통해 정신분석 분야에까지 확대됩니다. 이런 제스처가 이런 과학 분야에서 이렇게 확대됐다면, 그 형이상학적·정치적 영향은 어떠했을까요?

물론, 형이상학과 정치학 양쪽에 대단한 영향을 끼쳤습니다. 한편으로 구조주의적 연구 방식을 엄밀하게 정치에 적용하게 합니다. 사실, 정치는 다른 어떤 영역보다 즉각적 의미, 실제 경험의 의미가 개입된다는 환상을 불러일으킵니다. 그러나 다른 어떤 영역에서보다도 이런 경험은 과학적 체계가 폭로하는 실제 구조들을 은폐할 수 있으므로 환상에 대한 비판이 동반되어야 합니다. 마르크스는 정치적 현실과 이해관계를 은폐하는 환상을 이념, 곧 '이데올로기'라고 부릅니다. 이것이 바로 1965년『마르크스를 위하여(*Pour Marx*)』에서 루이 알튀세르

(Louis Althusser, 1918-1990)가 제시하는 마르크스주의 철학의 가장 분명한 쟁점 중 하나입니다. 알튀세르는 바슐라르적 인식론의 장애를 '인식론적 단절'로 간주하고 이 문제에 천착합니다. 경험에 대한 즉각적 시각을 버리고 과학에 접근해야 한다는 것입니다. 이를테면, '이론'이 밝혀낸 사실을 이데올로기로 은폐하는 정치와 철학을 구조적으로 비판해야 한다는 것입니다. 그렇다면, 역사의 전개와 행동의 의미를 어떻게 새롭게 사유해야 할까요? 이 질문은 한 시기에, 오히려 중층적으로 결정적인 한 시기에 다수의 구조적 관계를 집중시키면서 '총체적 정세(conjoncture)'라는 개념을 통해 알튀세르 철학에 재도입됩니다. 그러나 이것으로 충분할까요? 바로 이것이 지금 우리가 다루어야 하는 문제입니다.

두 번째 비판적 제스처는 정치를 더는 어떤 특수한 영역으로 다루지 않고, 구조가 작동하는 각각의 경험에서 구조를 가리거나 드러내는 영역으로 간주합니다. 이 같은 방식으로 『신화학(Mythologies)』에서 롤랑 바르트는 기호학을 통해 일상의 삶에서(예를 들어 광고) 기호 체계와 동시에 은폐된 권력을 봅니다. 이와 마찬가지로 자크 데리다(Jacques Derrida, 1930-2004)는 형이상학 자체에서 순수하고 궁극적인 것으로 전제된 의미의 흔적들을 찾을 때 여기서 항상 이중적 오류, 즉 사물 혹은 의미의 '현재성'에 대한 환상, 그리고 구조와 차이에 대한 '폭력'을 봅니다. 이처럼 문제는 철학에 숨겨진 형이상학만이 아니라 바로 형이상학에 숨겨진 정치이기도 합니다.

여기서 벌써 자크 데리다와 함께 첫 번째 비판의 주제 이면에서 두 번째 비판의 주제가 등장합니다. 그렇다고 해서 환원 불가능한 차이가 감추어진 전체로서, 아무것도 순수한 현재로 파악할 수 없게 하는 주어진 구조의 이름으로 데리다가 형이상학과 정치를 비판하는 것은 아닙니다. 그가 유명해지게 한 제스처 중 하나, 즉 차이의 철자 'différence'에서 'e'를 이 단어가 본질(essence)이 아니라 움직임, 제스처, 행동을 지칭하는 것처럼 'a'로 바꿔 'différance'로 쓰면서 동일한 개념인 차이의 ― 여전히 비판적이지만, 구축적이 아니라 탈(脫)구축적인― 어떤 다른 지점으로 우리를 인도하는 것은 아닐까요? 지금 알아봅시다.

비판적 차이

우리 여정의 마지막 단계(1960년대)로 인도할 자크 데리다에 관해 더 이야기하기에 앞서, 여기서는 차이에 관해 사유한

다른 철학자를 만나고자 합니다. 그는 1968년 모든 점에서 그의 대표 저작이 된 『차이와 반복(*Différence et répétition*)』을 출간한 질 들뢰즈입니다. 이 책에서 그는 무엇을 기획했을까요? 우선, 그는 이 기획을 어떤 '시류'에서 출발하여 설명합니다. "여기서 다루는 주제에는 명백히 시대의 흐름에 있다." 그는 여러 가지 이유 중에서 두 가지 징후, 즉 "존재론적 '차이'의 철학으로 점점 더 기우는 하이데거의 방향성, 그리고 공존의 차이적 성격 배분에 바탕을 둔 구조주의의 적용"을 언급합니다. 그렇다고 해서 이것이 매우 다른 두 학설을 하나로 수렴하려는 의도는 아닙니다. 그렇다면 무엇에 관한 것일까요? 들뢰즈는 이렇게 말합니다.

이 차이들을 '동일함'으로 수렴하고 부정으로 보이게 하려는 재현의 형태들과 무관하게 차이 나게 하는 것과 차이 나게 하는 것의 관계에 대해서, 차이를 차이 자체로서 생각해보려고 한다.[1]

이처럼 그는 이중, 심지어 삼중 기획을 밝힙니다. 이것은 무

---

1) Deleuze, *Différence et Répétition*(1968), PUF, "Épiméthée", p.2.

엇보다도 긍정의 기획입니다. 즉, 차이로서, 궁극적 차이로서 존재의 궁극적 영역을 생각하는 것입니다. 저자는 책의 마지막 부분에서 이 점을 매우 잘 보여주는데, 이런 시도는 서로 분리될 수 없는 두 가지 방식으로 귀결됩니다. 모든 차이에 잠재한 생산적 '차이', 순수한 '힘', 격동, (나중에 들뢰즈가 '카오스'라고 부르는) 생명을 생각하는 것, 그러나 또한 이 순수한 '차이'가 쉴 새 없이 만들어내는 (순수한 차이 안에서 순수한 반복) 미세하고, 고유하고, 결코 '개별성'에 고착되지 않는 차이들을 생각하는 것입니다. 존재는 단 하나지만, 그것이 존재하는 방식은 고유하고, 창조적이고, 무한하며, 매개적이거나 고정적인 어떤 범주에도 속하지 않습니다.

그러나 이는 전적으로 근본적이고 두 배로 비판적인 제스처를 함축합니다. '존재'를 정체성으로서 재현하고 다른 존재들을 부정성으로서 재현하는, 즉 정체성 혹은 보편 유형을 기준으로 다른 사람들과의 대립을 통해 '서로' 구별하는 재현을 비판해야 합니다. 이런 연유로, 책 한가운데 '사유의 이미지'라는 장이 있습니다. 그는 먼저 우리 사유가 존재에 부여하는 이미지를 비판하지만, 이는 또한 존재에 다른 구상을 부여하는 사유의 다른 이미지에 접근하기 위한 과정입니다. 생각은 단지 어떤 대상이나 본질과 맺는 관계가 아니라 문제의 형태로 존재를 직면하는 활동입니다. 생각은 의미화의 상황이 아니라 의미의 증식입니다. 생각은 심리적 역량이 아닙니다. 우리는 어떤 오류보다 깊고 생동적인 어리석음에 의해 또는 모든 현실처럼 차이의 현실이 창작을 가로지르는 문제와 개념에서 대면하는 창작에 의해 생각에 접근할 수 있습니다.

그런데 지금 우리가 살펴보는 『차이와 반복』에서도 언급했지만, 대부분 과타리(Pierre-Félix Guattari, 1930–1992)와 함께 쓴 책에는 들뢰즈의 정치 철학으로 이어지는 비판적이고 긍정적인 세 번째 단계가 있습니다. 물론 이것은 차이를 감추고 축소하는 사유와 실천에 대한 비판이기는 하지만, 그 너머에 숨겨진 구조에 접근하는 문제라기보다 사실은 원래 차이를 거부하는 사유와 사회에 차이를 도입하려는 시도입니다. 이것은 특히 철학과 정치의 역할과 함께 이 책의 중심을 차지하는 예술의 역할입니다.

일상에 예술을 도입하는 문제 말고 다른 미학적 문제는 없다. 우리 일상이 표준화·규격화되고, 소비재의 가속화된 생산에 속박될수록 예술은 더욱더 일상에 결합되어야 하며 이 작은 차이를 거기서 끌어내야 한다…. 여기저기서 모순이 될, 가장 기이한 선택, 즉 한 세계의 종말을 위한 자유를 도입할 능력이 있는 분노 자체의 반복적 힘으로 '차이'가 마침내 표현될 수 있도록, 이 문명의 실제적 본질을 구성하는 환상과 신비화를 미적으로 재생산해야 한다. 각각의 예술은 각자 비판적이고 혁명적인 힘의 가장 높은 단계에 도달할 수 있는 뒤얽힌 반복의 기술을 갖추고 있다.[2]

이런 것이 바로 구조를 '차이를 감추거나 부수려는 특별한 시도로 파악하는 들뢰즈[들뢰즈 이후에는 장 프랑수아 리요타르(Jean-François Lyotard, 1924–1998)]에 따른, 구조보다 더 진전된 차이의 비판력입니다. 이런 측면이 전체성 비판뿐 아니라 개인성 비판(정신분석학을 포함하여)에서도 정치와 형이상학을 유례없이 진전시키며 또한 위협적인 파괴에 늘 직면한 창작과 긍정성으로 이 비판을 보완합니다. 따라서 이와 같이 형이상학과 차이의 정치가 존재합니다. 하지만 여기서 더 멀리 나아가야 하지 않을까요?

----

2) *Op.cit.*, p. 374.

다른 차이를 향해?

1960년대에 상당히 많은 저자에게 '차이'의 연구는 일반적으로 힘이었던 것, 구조의 생각 자체의 중심이었던 것을 보완하거나 동요시키기 위해, 나아가 '해체하기' 위해 진행됩니다. 그런데 차이는 바로 이 구조의 일부였습니다.

구조주의 자체가 영원한 진리처럼 나타나지 않고, 역사적 연구를 통해 구조를 18세기와 19세기의 전환점에 나타난 단절 혹은 비판적 비연속성의 돌출로 여겼던 푸코의 경우가 그렇습니다. 푸코에게 구조는 지식 체계의 역사이자 권력 자체라는 의미에서 역사만큼 우리 경험의 궁극적 표현이 아닙니다. 여기서 역사는 전체화가 가능한, 살아온 삶의 경험이라는 사르트르적 의미의 역사도 아니고, 시간을 초월한 기호 체계를 의미하는 역사도 아닙니다. 기호와 주체를 동시에 구성하는 역사, 단절, 역사의 글쓰기—정치적 제스처이자 동시에 궁극적 주체의 제스처로서 이런 차이들을 기록하는 행위—를 비판적으로만 파악할 수 있는 역사입니다.

적어도 첫 단계에서는 데리다의 경우도 마찬가지입니다. 데리다에게 '달라짐'[3]은 무엇보다도 언어와 글쓰기에서 본질

---

3) 이는 différance에 대한 번역어이다. différence를 일반적으로 '차이'로 번역하는 데

과 현재성을 묶어두는 것을 금지하는 비판적 움직임이기 때문입니다.

그러나 동시에 여기서 다른 의미의 차이가 생성되는 것을 이해할 수 있습니다. 새로이 절대적 차이가 될 권력에 대한 저항의 의미와 가능성만큼이나 불가능성을 잘 보존하고 있는 어떤 미래를 향한 의미입니다. 이런 절대적 차이, 비판적인 극성, 즉 정치적이고 윤리적인, 형이상학적이고 생동적인 차이는 차이의 철학이 그동안 비판하려고 했던 것으로 되돌아가지는 않더라도 우리의 경험으로 되돌아오지 않을까요? 이것이 우리가 검토하게 될 부분입니다. (FW)

의문을 품고 '차이'와 '다름'에 관해 의견을 함께 나눈 프랑스 철학 전공자 이나무 선생 덕분에 '다르다'라는 형용사에 대해서 생각해보게 되었다. 형용사가 사물의 성질이나 상태를 나타내는 품사이지만 또한 활용할 수 있는 용언이라는 점에 주목, 나아가 '달라지다'라는 동사와의 관계를 염두에 두면서 데리다의 différance를 '다르다'의 활용형이자 '달라지다'의 명사로 간주할 수 있는 '달라짐'으로 옮긴다. 다시 말하자면, 이 말은 '차이'에서 어떤 상태, 이미 형성된 무언가, 정의하고 결정할 수 있는 어떤 것이 아니라 그 움직임, 과정에 주목한다. 동시에, 불어에서는 이 말들 사이에 발음의 차이가 없다 (이 점을 고려해서 단어에 작은 따옴표만 붙일 수도 없다. 알파벳은 대문자, 이탤릭, 따옴표로 강조가 가능하기 때문이다). 따라서 우선, a로 쓴 것이라는 사실, 다름, 즉 '달라짐'을 일컫는다를 언제나 환기해야 한다. différer라는 동사는 '연기하다', '늦추다', '그런데 이를 다소 다르게 하다'라는 의미도 있는데, 우리가 이렇게 이 단어를 환기할 때마다 그 달라짐 자체를 환기한다는 효과가 있다. 또한 이 말은 시간뿐 아니라 공간을 아우른다. 시간과 공간의 차이들 사이의 '달라짐'이라 할 수 있다. 이 점을 주목하는 것은 데리다와 레비나스의 철학적·비판적 '관계'를 이해하는 실마리가 된다. 이 부분은 이 책, VI. 1 「윤리학과 형이상학, 환원 불가능한 차이」에서 욈이 설명한다. 옮긴이.

2. 용인할 수 없는 감금

권력의 역학을 생각할 때 나는 이 권력의 미세한 존재 형
태, 권력이 각각의 개인과 만나는 지점, 그들의 몸에 닿는
지점, 그들의 제스처, 태도, 담론, 배움, 일상에 편입되는 지
점을 생각합니다.[4]

1968년에 일어난 사건들과 밀접한 관련이 있는 몇 년간,
1970년대 초반 철학자들의 정치 참여를 논할 때 특별히 주목
해야 하는 사실이 있습니다. 바로 감옥에 갇힌 사람들의 열악
한 환경을 고발하면서 푸코가 주도하여 전개했던 투쟁입니다.
1971년 푸코는 사회학자 다니엘 드페르(Daniel Defert, 1937-)와
함께 수감자들의 가족들을 통해 수감 조건에 관한 증언을 수
집하는 조사를 진행하기 위해 감옥에 관련된 정보 그룹(GIP)
을 조직합니다. 이 그룹에 참여했던 사람 중에는 철학자 질 들
뢰즈와 역사학자 피에르 비달 나케가 있습니다. 그런데 이런
실질적 행동은 곧바로 이론적 전개로 이어집니다. 다음 해인

---

4) Michel Foucault, entretien donné au *Magazine littéraire*, juin 1975, in *Dits et
Écrits*(*1954-1988*), tome II, p. 741.

1972년, 푸코는 콜레주 드 프랑스에서 '징벌적 사회'[5]라는 강의를 개설하고, 3년 뒤인 1975년에는 그의 중요한 저작인『감시와 처벌, 감옥의 탄생(*Surveiller et Punir*)』을 출간합니다. 1986년 푸코가 세상을 떠났을 때 그에게 바쳐진 수많은 헌사 중에는『지식의 고고학(*L'Archéologie du savoir*)』(1969) 저자에 대한 존경을 감추지 않았던 들뢰즈의 것도 있었습니다. 그는 적어도 2회, 즉 미국에서 출간된『대담』[6]에서, 그리고 간결하게 제목을 붙인『푸코(*Foucault*)』(1986)에서 GIP와『감시와 처벌』을 언급합니다.

어떻게 들뢰즈가 감옥에 관한 정보 그룹을 기억하고, 정부 조직 주변에서 이루어진 급진적 시도에 거리를 두고 분석하는지 봅시다. 이 책을 구성하는 여러 장의 적어도 절반에서 폭력과 불의에 직면한 현대 철학에 부과된 서로 다른 형태의 정치의 시험을 재구성해볼 수 있습니다. 현대 철학은 대개 성찰적이고 이론적이지만, 시몬 베유, 캉길렘, 카바이예스의 레지스탕스 활동이 증언하듯이 반드시 그랬던 것만은 아닙니다. 해

---

5) Michel Foucault, *La Société punitive*, cours au Collège de France, 1972-1973, Paris, EHESS, Gallimard-Seuil, 2013.
6) Gilles Deleuze, «Foucault et les prisons», in *Deux régimes de fous, textes et entretiens 1975-1995*, Paris, Les Éditions de Minuit, 2003, p. 254-262.

방 운동에 참여한 행동 그룹(어떤 경우에는 군대)에 대한 이런 저런 인물(예를 들면 사르트르)의 지지가 이런 사실을 드러내듯이 때로는 직접 저항하기도 합니다. 그러나 여기서는 또 다른 문제입니다. 들뢰즈가 GIP의 근본적 의의로 설명하는, 즉 '사유-실험'과 '전망'은 우리에게 시험의 또 다른 형태를 제시합니다. '사유-실험'과 '전망'을 어떻게 이해해야 할까요? 수감자들에게 처음으로 발언 기회를 주는 정보 수집으로 조사를 진행하려고 했을 때 GIP의 활동은 방법 면에서 실험적이었습니다. 다른 조사들처럼 이것도 해석하기에 복잡하지 않은 결과를 내놓았습니다. 이 조사는 더는 모른 척할 수 없었던 것, 형벌을 더 고통스럽게 하고 본질을 왜곡하는 항구적 굴종의 폭력을 폭로했습니다. 들뢰즈가 말했듯이 일단 이 문제를 알았으니 더는 눈감고 모른 체할 수 없었습니다. 결과적으로 '자유의 박탈은 아니지만, 사람들을 망가뜨리는 모든 체제'[7]에 의해 변형된 감금 생활이었기에 자유의 박탈로 이해된 이론적·법적 지위와 전혀 다른 성질의 실제 수감 생활에는 매우 큰 차이가 있었습니다.

----

7) Gilles Deleuze, *Deux régimes de fous : textes et entretiens*(1975-1995), 39: «Foucault et les prisons», propos recueillis par P. Rabinow et K. Gandal, *History of the Present*, no 2, printemps 1986 ; Minuit, 2003, p. 256.

이런 괴리는 예나 지금이나 '용인할 수 없는 것'에 대한 관점의 성격을 규정합니다. 푸코는 이 문제를 『제네바 신문 (*Journal de Genève*)』과의 대담에서 언급합니다. 감옥의 존재가 제기하는 문제에 관해 개인적 의견을 물었을 때 푸코는 다음과 같이 답합니다. "그 문제에 관한 의견은 없습니다. (…) 다만, 나는 용인할 수 없는 것이 있다는 것을 인지할 뿐입니다."[8] 들뢰즈는 이런 푸코의 대답을 두고 매우 함축적으로 이렇게 씁니다. "결국, 푸코에게 생각한다는 것은 '용인할 수 없는 것', 인간이 겪은 '용인할 수 없는 것'에 저항하는 것이었다."[9] 그러나 이런 관점에서는 어떤 것도 간단하지 않습니다. 실제로 우리가 '용인할 수 없는 것'을 확인했을 때 그것을 어떻게 규정해야 할까요? 모든 사람이 알면서도 모르는 척하는 것, 예를 들어 감옥에서 어떤 일이 일어나는지 잘 알면서도 모른 척하는 것을 '용인할 수 없는 것'이라고 말할 것입니다. 그리고 이런 상황에서 '용인할 수 없는 것'을 지각한다는 것은 그것을 사람들의 눈에 보이도록 드러내서 더는 그것이 용인되지 못하게

8) Michel Foucault, «Je perçois l'intolérable», entretien avec G. Armleder dans le *Journal de Genève* (24-25 juillet 1971), in *Dits et Écrits*, *op. cit.*, p. 203-205.

9) Gilles Deleuze, «Foucault et les prisons», *op. cit.*, p. 256.

하는 것을 뜻할 것입니다. 이런 관점에서 '참여' 철학자에게는 이중 과제, 즉 '보고 말해야 하는' 과제가 부과됩니다. 다시 말해 그의 관점에 따라 새로운 '발화의 조건들'을 '생산'하고, 그 결과에 따라 예를 들어 감옥에 관해 더는 이전 같은 방식으로 말할 수 없게 하는 것입니다. 그러나 무엇이 '용인할 수 없는 것'을 용인하지 않게 하느냐는 질문은 여전히 계속됩니다. 단지 의식이 무엇인가를 더는 용인할 수 없게 하는 것일까요? 우리는 용인할 수 없는 것의 경험이나 관점, 그리고 최악의 경우 '용인할 수 없는 것'을 정당화하는 살인적 광기 사이의 한계나 차이를 어떻게 알 수 있을까요? 이방인 혐오, 인종주의, 반유대주의, 가장 반동적인 사고에서 나오는 증오에 찬 표현 등은 이 사고의 추종자들이 그들이 생각하는 가장 합당한 의식에 따라서 그들이 용인할 수 없다고 인지하는 것들을 고발하려고 할 때도 역시 문제가 되는 것은 의식이 아닐까요?

바로 이 지점에서 『감시와 처벌』로 돌아와야 합니다. 푸코가 인지하는 용인할 수 없음과 조금 전에 우리가 언급한 모든 형태의 맹신, 통합주의가 원용하는 용인할 수 없음의 차이를 이해하려면, 무엇보다도 '권력 이론', 더 정확하게는 1975년 중요한 저작의 주제가 되는 미세 권력 역학론과 이에 동반되는 모든 형태의 폭력을 살펴봐야 하기 때문입니다. 감옥과 관련한 정보 그룹의 경우에 참여와 이론이 어떻게 결합했는지 보십시오. 사유는 스스로 인지한 용인할 수 없는 것, 굴욕 체제가 은폐하고 이를 정당한 것으로 받아들이게 하는 권력 행사를 드러내면서 이 체제에 저항합니다. 들뢰즈가 『푸코』에서 『감시와 처벌』의 권력 이론에 충분히 시간을 할애하면서 주의를 기울일 만한 해석을 끌어내는 것은 놀라운 일이 아닙니다. 실제로 그는 무엇에 관해 말할까요? 자, 우선 이 중요한 책의 쟁점들을 이해하려면 책을 그 맥락에 재위치시키고, 그가 권력에 관해 사유하기 위해 마르크스주의 이론가들을 시작으로 전통적인 좌파의 이해에 단단히 뿌리내린 모든 관념에서 어떻게 벗어나는지 보아야 합니다. 이 점이 바로 몇몇 결정적 전환을 이루는 급진적 접근입니다. 그중 하나는 권력 행사를 결정하는 조처, 노동자, 전술, 기술의 전체라는 전략으로서의 권력 개념을 소유로서의 권력 개념에 대립시키면서 권력이 그것을 앞서 획득한 계급, 즉 지배계급의 '소유물'이라는 생각을 거부하는 것입니다. 푸코가 '정치적 투자'라고 부르는 신체 처벌 체계의 지배가 어떻게 구성되는지 이해하려면, 이런 움직임을 간파해야 합니다. 『감시와 처벌』의 저자는 초반부에서부터 이 점을 명백하게 환기합니다. 그는 "권력은 억제되기보다 행사된다는 점을 인정해야 한다."[10]라고 말합니다. 따라서 권력이 행사되는 개별 지점들을 연구하지 않는 전반적이고 단일한 분석으로는 권력의 속성을 전혀 이해할 수 없습니다. 여기서 두 번째 전환이 이루어집니다. 용인할 수 없는 권력의 모든 표출과 남용을 중앙 집권적 국가에 단순화된 방식으로 연루시킬 수는 없습니다. GIP 조사는 전혀 다른 것을 보여줍니다. 즉, 감옥에서 개별 신체를 대상으로 작동하는 훈육 권력, 굴욕 체제에 따른 처벌의 관리는 사회의 정치·사법 구조에 의존하지 않고, 오히려 상대적 자율성에 따라 실행된다는 것입니다. 결과적으로 국가는 몇몇 정해진 기구, 예를 들어 억압 장치나 이데올로기 장치에 집중된다기보다는 분산된 여러 거점의 일정한 장치들의 종합적 결과라고 봐야 합니다. 물론 이 점은 매우 중요합니다. 인간과학에서 『감시와 처벌』의 중요한 의의 중 하나가 근대 사회를 '훈육 사회'로 규정하고 이를 명백히 보여준 것이라면, 그것은 훈육이 정해진 제도나 특정한 기구의 원래 특성이 아니라 이들의 공조를 조직하기 위해 작동한다는 의미에서 이 사회가 그렇게 정의될 수 있기 때문입니다. 우리는 또

10) Michel Foucault, *Surveiller et Punir*, op. cit., p. 31.

한 감옥이 어떤 노출 지표인지, GIP가 수행한 연구들이 어떻게 이론적 성찰을 풍부하게 하는지 이해할 수 있습니다. 참을 수 없는 재-반복, 일상적 되풀이가 매우 빈번하게 절망으로 몰고 가는 이런 파괴적 폭력의 형태에 관해 GIP 연구가 밝힌 사실, 이런 훈육적 굴욕에서 GIP의 연구가 폭로한 사실(우리는 훈육을 구실로 삼지 않는 굴욕이 없듯이 굴욕을 주지 않는 훈육은 없다는 사실을 잘 알고 있습니다), 그래서 우리가 깨달은 사실은 이런 훈육적 굴욕은 굴욕을 느끼게 함으로써 이득을 얻고 자율성을 공고히 하려는 권력에서 비롯한다는 것입니다.

국가 기관에 복무하면서도 이를 벗어나는 '훈육적 추가 장치들'을 밝혀낼 조사와 실험을 시작하면서, '곳곳에서' 이런 장치를 의심하게 하는 것이 바로 『감시와 처벌』에서 푸코가 보여준 통찰입니다. 푸코는 권력 작동의 가장 일상적이고 가장 일반적인 이해에 문제를 제기하면서, 용인할 수 없는 것들이 합법성의 가면 밑에 숨어 있는 곳곳을 쉬지 않고 추적하라고, 계몽주의 궤적을 따라 철학자가 되기를 희망하는 모든 이를 자극합니다. 휴머니즘 관점에서 카뮈가 그랬듯이 권력은 무엇보다도 가공할 위력으로 폭력적인 행위로 표출되며, 담론의 이데올로기적 성격, 즉 피지배자들을 예속하기 위해 조작된 거짓과 폭정으로 특징지을 수 있다고 생각하는 경향이 있습니다. 그러나 우리가 '훈육'을 생각의 길잡이로 삼으면, 권력관계는 필연적으로도 직접적으로도 폭력 행사와 동일시되지 않으며 또한 반드시 억압의 영역에 있지도 않다는 사실이 드러납니다. 사회 영역의 질서정연한 훈육적 배치를 이해하는 것은 실제와 진실을 만들어내면서 권력은 또한 몸에서도 작동한다는 사실을 인정하는 것입니다. 이런 이유로 결국 문제가 되는 것은 이제 무시하거나 무시하는 척할 수 없게 된 권력관계와 지식 영역의 연관입니다. 푸코는 『감시와 처벌』 초반부터 바로 이 점을 설명합니다.

> 권력은 광기에 사로잡히게 하고, 아울러 권력을 포기하는 것이 현자가 되는 조건 중 하나라는 믿음을 포기해야 할 것이다. 오히려 권력은 (지식을 사용하거나 혹은 효율적이어서 이를 적용하면서 단순히 장려하는 정도가 아니라) 지식을 생성하고, 권력과 지식은 직접적으로 서로 내포하며, 관련 지식 영역 구축 없이는 권력관계도 없고, 권력관계를 동시에 전제하고 구축하지 않는 지식관계도 없다는 사실

을 인정해야 한다.[11]

바로 이런 것이 『감시와 처벌』에서 용인할 수 없음의 분석을 통해 보여준 혁명적인 내용입니다. 다른 모든 권력 행사와 마찬가지로 처벌 권력 행사도 새로운 과학 지식, 기술, 담론 대상이 출현하고 성립하는 과정과 분리되지 않고 서로 얽혀 있습니다. 푸코가 우리에게 말하는 것은 결과적으로 간단합니다. 권력이 신체에 행사하는 세력, 즉 훈육과 이에 동반되는 굴욕을 이해하고자 한다면, 굴욕에 대한 고발에 만족하지 말고, 행동하고 써야 합니다. 푸코가 그의 가르침을 통해 스스로 끊임없이 감행했던 것처럼, 용인할 수 없는 것의 폭력에 저항하는 언어, 다른 지식을 생산해야 합니다. "처벌 권력이 근거를 얻고 정당성과 규칙을 전수받는 과학적·사법적 복잡함의 현재적 계보는 영향력을 확대하고, 저촉되는 독창성을 은폐한다." 이처럼 이 계보학의 이름으로, 어떻게 책을 구성하는 4개의 장이 서로 유기적으로 서로 연결되고 이어지는지 '마침내' 이해할 수 있습니다.

결론짓기 위해 환기하자면, 고문, 처벌, 훈육, 감옥, 이 4개

---

11) *Ibidem*, p. 32.

의 장은 이 계보학에 방법을 제공합니다. 계보학의 방법은 푸코가 곧바로 강조하는 구체적인 4가지 규칙을 따릅니다. 첫째는 나머지를 모두 가능하게 하는 직관입니다. 사회적 기능에 포섭된 처벌 방법들의 어떤 효과도 놓치지 않으면서, 처벌 방법의 복잡함과 역사성에 중점을 두는 것입니다. 둘째는 이제 우리에게 익숙합니다. 처벌 방법들을 단순히 권리 규정의 관점이 아니라, 전반적인 권력 행사의 가장 큰 틀에 위치시키는 기술로서 연구하는 것입니다. 셋째는 선행된 것에서 유래하며, 『감시와 처벌』을 『광기의 역사』 이후, 『말과 사물』을 거쳐 출간된 책들 전체에 위치시킵니다. 이것은 형법의 역사와 인간과학의 기원을 공통으로 '사법-정치의 형성 과정'이라고 묘사해야 할 것으로 환원하면서, 형법의 역사와 인간과학 기원의 보편적 원형을 이해하려는 이 책이 추구하는 바를 가리킵니다. "간단히 말해서 권력의 공학을 근본에, 형법 제도의 인간화, 인간 지식의 원칙에 위치시킨다."[12]라고 푸코는 씁니다. 마지막으로 넷째는 그다음에 올 것, 특히 생명 정치의 이름으로 도래하는 것에 길을 열어줍니다.[13] 사법적 실천에 투입된 과학 지식,

---

12) *Ibidem.*, p.28.
13) 특히, 1978-1979년 「생명 정치의 탄생」이라는 제목으로 진행한 수업을 떠올린다.

이런 과정에서 발생한 과학 지식이 이들의 결합을 가능하게 해주는 것, 즉 "권력관계가 몸 자체에 투입한 방식으로 일어나는 변환"[14]에 결부시키는 것입니다. (MC)

---

14) Michel Foucault, *Surveiller et Punir*, op. cit., p. 28.

VI 장켈레비치, 데리다, 레비나스

1. 윤리학과 형이상학. 환원 불가능한 차이

이번에는 구체적인 글 읽기에 시간을 할애합시다. 겉보기와 달리 이 글은 제목이 명시한 내용은 물론이고 그 이상을 보여준다는 사실을 이해하게 될 겁니다.

이 원고는 데리다가 레비나스에 관해 쓴 글로 1964년 처음 출간됐고, 1967년『글쓰기와 차이』에 '폭력과 형이상학 (Violence et Métaphysique)'이라는 제목으로 포함되어 다시 출간됩니다. 겉으로 보기엔 더할 나위 없이 간단한 제목이지 않습니까? 지금까지 우리 여정을 간략하게 묘사하자면, 형이상학은 형이상학 내부와 외부의 폭력이 제기하는 시험에 직면해야 하고, 이를 극복하기 위해 대항해야 한다는 것을 확인하는 과정이 아니었을까요? 폭력의 시험은 우리가 형이상학을 공부하게 하고, 우리는 폭력을 넘어서려는 욕망에서 형이상학을 하지 않습니까?

그런데 우선 우리 것이기도 한 이런 자연스러운 기대를 데리다의 글이 저버린다면, 이는 본질적인 두 가지 이유, 더군다나 우리가 그 너머까지 다루어야 하는 이유 때문입니다. 첫째는 내용입니다. 실제로 데리다는 우리가 폭력을 넘어설 수 있다고 생각하지 않고, 더구나 형이상학을 통해 그럴 수 있다고 생각하지도 않습니다. 이런 희망은 전쟁과 유대인 학살이라는 시련 이후 특히, 그리고 근본적이고 철학적인 이유로 (그의 주요 저작인 『전체성과 무한(*Totalité et infini*)』(1961)에서 가장 깊이 있게 드러나듯이) 레비나스가 품는 희망이기도 합니다. 우리가 읽으려는 데리다의 글에서 『전체성과 무한』은 이를 비판하는 데리다의 논평 중심에 있습니다. 폭력은 어떤 의미에서 형이상학의 일부이며, 폭력을 온전히 넘어서려는 욕망은 오히려 폭력을 은폐하고 이를 온전히 반복할 위험이 있습니다. 이것이 데리다의 철학적 명제입니다. 이로써 우리는 벌써 하나의 환상에서 깨어납니다. 그런데 우리는 내용이 아니라 방법, 독자들을 이 중요한 글에서 부당하게 멀어지게 하는 두 번째 장애물을 넘어서야 합니다. 이 글은 직접적인 사색이 아니라 논평입니다. 왜 레비나스를 논평하는 데리다를 논평할까요? 왜 철학은 거의 잠재적으로 무한한 이런 논평을 거치는 걸까요? '해체'라는 것을 주창한 데리다 같은 철학자에게 이런 점을 비판할 수 있지 않을까요?

이런 것이 독해를 앞둔 우리 발목을 잡는 두 가지 장애물입니다. 레비나스의 두 근본적인 주장이 그렇듯이, 두 장애물 혹은 이의 제기는 하나에 다른 하나가 더해지는 것처럼 보입니다. 실제로 레비나스는 도덕적, 혹은 절대적인 윤리적 '차이'를 통해 폭력에서 벗어나야 한다고 생각합니다. 그리고 '타자'의 얼굴을 통한 근본적 경험에서 그런 절대적 윤리의 차이가 부여됩니다. 이것이 바로 레비나스에 따른 진정한 '차이'입니다. 다른 측면에서 레비나스는 무한으로 향한 윤리가 창설하는 다른 철학과 형이상학을 위해 동일성과 체계의 철학에서, '전체성'에서 벗어나야 한다고 생각합니다. 데리다는 두 번에 걸쳐 이를 부정하는 듯 보입니다. 폭력은 여전히 형이상학에 있고, 심지어 레비나스의 글에서까지도 폭력이어서 이대로 읽고 해체해야 합니다. 여기서 철학적 명제와 논평은 언제나 그렇듯이 탁월한 독해이고, 사유에서 극도로 엄밀하게 뒷받침됩니다. 탁월한 사유는 항상 탁월한 글이므로 놀랄 것도 없습니다. 그러나 우리 문제는 그대로 남아 있습니다. 왜 레비나스의 절대적 차이를 반박할까요? 왜 절대적 차이를 철학, 글, 글쓰기 질서에 포함시켜야 할까요? 이것 또한 폭력은 아닐까요?

여기서 우리는 발화하기 아주 쉽고, 또한 성서적 간결함이라고 할 만한, 완전히 다른 독해를 옹호할 겁니다.

데리다가 레비나스와 함께 형이상학 안으로 들여오려고 하는 것은 폭력이 아닙니다. 반대로, 폭력과 비-폭력 '사이' 환원될 수 없는 '차이', 살인과 언어 사이, 삶과 죽음 사이의 차이 같은 것들을 형이상학에 포함시키고자 하는 것입니다. 이런 차이들은 절대적이고, 다른 무엇으로 환원될 수 없습니다. 그런데도 철학 밖에서 이 차이들은 이와 같지 않고, 이 차이들로 다듬어진 '철학 안'에서만 그렇습니다. 폭력과 비-폭력, 삶과 죽음의 차이는 철학, 경험, 삶의 밖에 있지 않음을 보이면서 더 깊이 사유해야 합니다. 데리다는 이 차이를 약화하지 않고 강화합니다. 우리는 삶의 '저 너머'가 아니라 '삶 속에서' 폭력과 정의, 삶과 죽음의 차이에 사로잡혀 있습니다. 오류는 차이를 환원될 수 없는 것으로 생각한 것이 아니라, 어떤 정체성 밖의 출구처럼 생각했던 것입니다. 정체성은 없으며, 언어와 글쓰기처럼, 이미 죽어감과 생존인 삶처럼, 혹은 어떤 도래할 것과 정의, 항상 폭력이면서 이 폭력을 넘어서는 관계처럼, 정체성은 이미 차이에 의해 세공되고 있는데도 말입니다. 데리다는 논평에 레비나스를 속박하거나 윤리적 차이를 반박하기보다 차이가 각각의 말, 매 순간에 있음을 보여줍니다. 데리다는 차이를 보편화하고, 차이에 절대적 가치를 부여합니다. 우리는 항상 차이 속에서, 차이를 넘어 살아가고 죽어갈 것이며, 사랑하고 증오합니다. 이처럼 윤리적 차이를 언어적 차이에, 레비나스의 사유를 구조주의에 포섭하는 대신에 데리다는 차이가 차이에 대해 이미 그랬던 것처럼, 차이가 삶과 죽음 사이, 폭력과 정의 사이에서 팽팽하게 당겨진, 우리의 순간, 현재의 순간으로 향하게 합니다. 적어도 이것이 우리의 가정입니다.

이 가정을 발전시키기 위해 우리는 빠르게 두 단계를 거쳐 갈 것입니다. 우선, 충실한 독해자로서 데리다가 레비나스의 중요한 학술적 명제들, 특히 '타자'의 얼굴에서 윤리의 근본성을 환기하고, 비판하는 단계입니다. 이 비판은 한창 구상 중인 데리다의 (해체) 철학과 이런 전복, 즉 '해체' 자체의 진정한 의미를 잘 보여줍니다. 그리고 다음 단계로 우리는 비평을 넘어 이 관계가 인도하는 질문과 전망으로 이야기를 마칠 것입니다. 실제로 이 관계는 너무 자주 비판으로 축소됩니다.

『폭력과 형이상학』의 도입부와 『전체성과 무한』의 명제들

레비나스에 대한 데리다의 글은 매우 놀랍게 시작됩니다. 왜냐면 그는 레비나스와 정반대 지점에서, 즉 어떤 철학에 대한 생각, 마치 유일한 전체성처럼 주어져서 거기서 빠져나올 수 없다는 생각에서 시작하기 때문입니다. 이 생각은 현상에 대한 담론(현상학) 혹은 존재에 대한 담론(존재론), 그 일부에 지나지 않는 윤리학까지를 모두 포괄합니다. 유일한 전체성에서 빠져나왔다고 주장하는 형이상학도 여전히 존재 혹은 현상에 관해 말하는데, 이는 무엇보다도 철학이 우리가 윤리학과 형이상학을 말할 때 사용하는 단어들을 어떤 언어, 즉 그리스어로 정의하고 규정하기 (조금 더 강하게 말하자면, 미리 쓰기) 때문입니다. 레비나스의 두 스승, '현상학'의 후설과 '존재론'에서 하이데거는 우리가 절대로 벗어날 수 없는 역사적·언어적·이론적 단위를 요구했습니다. 데리다 글의 강렬한 도입부에는 어떤 극적인 면이 있습니다. "바로 이런 깊이로 우리는 에마뉘엘 레비나스의 사유를 흔들어놓을 것이다."[1]

데리다는 실제로 무엇을 하려는 걸까요? 그가 정한 순서를

---

1) Derrida, "Violence et Métaphysique", in *L'Écriture et la Différance*(1967), Seuil, p.122.

우리는 반대로 해봅시다.

- 윤리적 관계는 현실적 초월을 시작한다.

- 윤리적 관계는 있는 그대로 수용하는 형이상학을 해방하고, 우리의 형이상학적 욕망에 응답한다. 그런데 레비나스에 따르면 이 욕망은 타인의 욕망이다.

- 윤리적 관계는 철학의 언어에 반대하고, 또 어떤 '비(非)-그리스어'가 될 무언가, 절대적 이타성을 소환하면서 내부적 방법으로 '그리스적 로고스의 해체'를 초래한다.

데리다는 처음 두 장에 걸쳐 어떻게 레비나스가 후설과 하이데거의 현상학을 프랑스에 도입하면서 그의 초기 저작에서부터, 그러나 특히 1961년 출간된 『전체성과 무한』에서 이 기획을 완수하는지 보여줍니다.

(초반부) 흐름은 비판이었지만, 이들은 충만한 확신의 목소리에 복종한다. 충만한 확신은 (…), 기이함, 어루만짐, 불면, 풍요, 일, 찰나, 피로(…)를 말하는 구체적이고 섬세한 분석을 통해 (…) 고전적인 개념성을 뒤흔들고 거부 사이에서 자신의 개념을 찾으면서 나타난다. 『전체성과 무한』, 이 탁월한 작품은 이런 구체적 분석을 풍부하게 할 뿐 아

니라, 이것들을 강력한 구조물의 내부에서 정비한다.[2]

그렇다면, 『전체성과 무한』의 명제는 어떤 것들일까요?

우리가 방금 데리다와 함께 환기한 것, 즉 형이상학을 구체적 열망으로 정의하고, 존재와 언어의 표면적인 경계와 상치되는 절대적 이타성을 향한 욕구 같은 것들입니다. 이것은 환상이 아니라 실제로 우리 눈앞에 있는 타자의 얼굴과 말에 구현되어 있습니다. 타자의 얼굴은 윤리적 계명이며 시간, 풍요, 역사의 무한한 타자성을 시작합니다. 형이상학이 윤리라면, 이를 은폐하는 철학은 폭력이요, 전쟁입니다. 타자의 얼굴이 말과 계율이라면, 이를 별로 다를 것 없는 하나의 존재나 현상으로 축소하는 철학은 전쟁이요, 폭력입니다. 반대로, 타자의 얼굴이 나의 행위 이전에 내게 와서 "너는 죽이지 않을 것이다."라고 말한다면, 폭력과 살인의 금지는 형이상학의 궁극적 진리입니다. 이 진리를 위해 레비나스가 계속해서 재인용하는 플라톤의 말을 따르면, "선은 존재 너머에 있습니다."

『전체성과 무한』에서 언어 비판은 아직 함축적이지만 레비나스는 이 책에 대한 데리다의 해석을 보고 나서 마치 이 문

---

2) *Ibid.*, p. 137.

제를 최대한 숙지했다는 듯이 1974년 출간한 다음 책『존재하는 것과 다르게 혹은 본질의 피안(*Autrement qu'être ou Au-delà de l'essence*)』에서 이 문제를 중점적으로 다루었을 뿐 아니라 나아가 글쓰기에도 데리다의 독해를 고려한 것처럼 보입니다. 반면에 '비-그리스어'가 데리다의 논평에 대한 화답이며 동시에 섬세한 반론의 두 형태를 취하는 것처럼, 레비나스는 이 연구를 근본적으로 유대주의적 준거와 결별하면서도 여전히 철학적 언어로 진행합니다.

이것이 데리다가 한 번의 전복으로 그 비판뿐 아니라 계승에도 열중하는 윤리적 '차이' 철학의 중심 명제들입니다.

윤리적·형이상적 차이의 비판과 계승

『폭력과 형이상학』의 매우 어렵고(숨길 수 없는 사실입니다) 깊이 있는 세 번째 부분은 이중적 움직임으로 구성되어 있습니다.

레비나스가 주장한 이타성과 근본적 비(非)-폭력을 해체해야 합니다. 완전한 비-폭력은 없습니다. "초월적이고 전-윤리적 폭력, 비대칭성이 (…) 궁극적으로는 전도된 비대칭, 레비나스가 말하는 윤리적 비-폭력을 실현할 수 있게 한다."[3]

마찬가지로, 같음 없이 다름은 없습니다. "다름이 같음과의 관계에서만 다름으로 나타나는 것, 이는 명백하다. (…) 유한성의 지배에서 의미와 담론의 기원으로서의 폭력이다."[4] 이렇게 폭력과 비-폭력 사이의 궁극적 긴장, 극성은 소멸하지 않고, 오히려 강화됩니다.

타자에 대한 관계의 환원될 수 없는 폭력으로서 초월적 기원은 동시에 타자와의 관계를 열어주기에 비-폭력적이다. (…) 이런 관계의 시작으로, 바로 타자에 대한 관계의 환원될 수 없는 폭력으로서 초월적 기원은 타자에 대한 접근이 도덕적 폭력 혹은 도덕적 비-폭력으로서 윤리적 자유에서 결정되게 한다.[5]

이런 사유는 환원 불가능한 차이와 그것을 넘어서는, 아무것도 없는 삶과 죽음 사이의 긴장까지 진척됩니다. 데리다는 레비나스가 '얼굴'과 '신'을 절대적 초월성으로 만들었다고 비

---

3) *Ibid.*, p. 188.
4) *Ibid.*, p. 189.
5) *Ibid.*, p. 188-189.

판하지만, 사실은 이것을 우리 삶 자체에서 환원 불가능한 차이들로 다시 만들기 위한 것이었습니다.

> 만약 얼굴이 '몸이라'면, 얼굴은 죽게 마련이다. 죽음으로서의 무한한 타자성은 확실성과 현재성으로서의 무한한 타자성(신)과 양립할 수 없다. (…) 이것이 '신이다' 혹은 '신이 현현하다'를 의미하는 것이다. 이는 '모두'와 '아무것도', '삶'과 '죽음' 사이 등의 차이에서, 차이와 차이에서, 그리고 사실상 '차이' 자체에서 '명명된다.'[6]

이처럼 우리는 때로 사람들이 두 가지 상반된 측면이 전개된다고 잘못 이해하는 데리다의 모든 사유에 내포된 이중 제스처를 다시 만납니다. 두 측면은 각각 차례로 강화되면서 그의 사유에 계속해서 나타납니다.

첫 번째 측면은 항상 언어에서 출발해서 여기저기에서 차이의 작업과 현재에 대한 비판 작업에 착수하는 해체입니다. 데리다가 축소적이지 않은 방식으로 말하듯이 모든 것은 '언어 문제로' 귀착됩니다(이 말의 의미는 여기서 축소적이지 않습니다).

---

6) *Ibid.,* p. 170.

두 번째 측면은 그가 나중에 (그러나 사실은 처음부터 그랬지만) '해체될 수 없음'이라고 부르는 것, 말하자면 차이 자체입니다. 다시 말해 삶과 죽음 사이의 긴장처럼 긍정적이며 동시에 부정적인 차이의 근본성에서, 또한 과거가 축적되는 변화에서 어떤 미래의 시작으로서 차이 자체입니다. 혹은 살아남아 다시 살아가는 것, 즉 한 단락 지어지고 다른 단락이 열렸으나 이전 단락의 중단은 아니라는 '생존'의 두 의미, 아니면 혹은 유령, 망령 또한 약속이라는 주제라고 할 수 있습니다.

그렇다면, 어떻게 이 텍스트가 약속을 지키지 않는다고 말할 수 있을까요? 이 텍스트는 약속, 아니 그 이상을 지킵니다. 만약 이 텍스트가 형이상학으로 폭력을 넘어서지 않는다면, 형이상학과 심지어 그 너머에서, 우리의 삶과 죽음에서, 그리고 또다시 그 너머에서, 우리의 생존과 역사에서, 폭력과 비-폭력 사이의 긴장을 유지하기 때문입니다.

데리다는 바로 여기서 이 두 저작 사이 관계의 위치에 관해, 또한 윤리와 형이상학의 관계와 차이의 위치에 관해 그들의 철학적 시기와 우리의 철학적 시기를 결론짓도록 합니다.

결론과 전망?

우리는 이것이 무엇보다도 먼저 차이 문제에 천착했던 철학적 시기에 (우리가 이미 레비-스트로스에서 들뢰즈까지 살펴본 것처럼) 레비나스와 데리다 사이의 환원될 수 없는 윤리적 혹은 도덕적 차이의 견해에 관한 것임을 이해할 수 있습니다. 이 문제를 두고 데리다가 레비나스에게 표출한 저항은 이 시기에 의미심장했습니다. 데리다는 윤리적 차이를 초월에 포함시키는 것뿐 아니라 언어에서조차도 이 차이와 윤리적·정치적·역사적 차이의 결과를 고려하지 않고 내재성을 생각하는 것을 거부합니다. 이런 차이의 결과는 '용서' 같은 다른 문제에서, 그리고 리요타르 같은 다른 저자에게서 다시 등장합니다(권력에 마침내 맞서는 대항-권력을 생각하면 푸코 또한 그렇습니다).

그래도 다른 면에서는 여전히 문제가 남아 있습니다. 우리가 삶과 죽음, 폭력과 비-폭력 사이 순수한 차이 속에 있다면, 어쨌거나 이 두 차이 사이의 어떤 차이, 형이상학에서 윤리학으로 옮겨 가는 과정이 우리 삶에 있지 않을까요? 네, 그렇습니다. 그래서 이런 단절을 만들어내는 것은 사람 사이에 일어나는 폭력의 '실질적인' 시험입니다. 전쟁, 인종주의, 말살이 그랬고, 여전히 그렇습니다. 따라서 우리 삶 자체에, 좀 더 정확히 말해서 우리의 삶 사이에, 그 자체에 형이상학에 대한 윤리의 어떤 초월성이 남아 있습니다. 한 사람의 다른 사람에 대한 행동을 마주하는 순간, 우리는 단지 차이만이 아니라 단절, 단지 폭력만이 아니라 위반을 확인하게 됩니다. 이런 경험은 또한 윤리학에 대한 형이상학의 전도된 초월입니다. 왜냐면 이 경험은 우리를 폭력 혹은 위반에서 죽음으로, 다시 말해 살아 있는 사람으로, 더 정확히는 살아 있는 사람 사이 항상 긴장된 관계로, 그리고 오늘날에도 여전히 폭력과 형이상학 사이의 관계로 인도하기 때문입니다. (FW)

2. 불가능한 용서

앞장에서 우리는 제2차 세계대전과 세계대전이 철학에 부과한 '시험'에 관해 이야기했습니다. 그런데 이 시험은 나치 독일을 포함한 추축국들이 패배했어도 중단되지 않았습니다. 생존자들의 기억에서 끔찍한 공포가 사라지려면 전투가 끝나고, 폭정이 무너지고, 수용소가 폐쇄되는 것만으로 충분치 않습니다. 인본주의의 가치와 이상을 뒤흔들어 돌이킬 수 없이 신뢰가 훼손된 위기 너머로 이런 동요에서 헤어날 수 없는 두 가지 질문이 단단히 버티고 있습니다. 한편으로 상당히 문제적 표현으로 '기억의 의무'라고 부르는 계승의 문제가 있고, 다른 한편으로 시효 소멸의 대상이 될 수도 없고 용서할 수도 없는 '반인류 범죄'가 있습니다. 과장이 아니라 진정으로, 게다가 어느 정도 명백한 방식으로 역사, 윤리, 정치가 유기적으로 결합된 20세기 후반 대부분 철학과 최근 철학까지 이 두 가지 문제는 끊임없이 제기되었습니다. 이 장에서는 두 번째 문제, 즉 용서와 용서 불가와 시효 부재 같은 문제를 두고 고민해볼 것입니다. 블라디미르 장켈레비치는 이 문제가 아니었다면 이 책에서 언급되지 않았을 것입니다.

1967년, '용서'라는 것을 '조건 없는 사랑'의 계율이 요구하는 절대적 엄격함으로 이해하는 장켈레비치는 스스로 '순수하게 철학적'이라고 말하는 『용서(Le pardon)』라는 간결한 제목의 책을 출간합니다. 그러나 1965년 제기됐던 문제는 정확하게 같지는 않았습니다. 이것은 반인류 범죄, 더 명확히 말해 나치의 야만성이 자행한 대량학살과 폭력, 권력 남용, 잔혹 행위 처벌의 무(無)시효성에 관한 것이었습니다. '시효'라는 것이 필연적으로 암시하는 망각과 무관심을 경계하는 그는 마치

'어서 그것을 치워버리기'보다 더 시급한 일은 없다는 듯이 문제의 범죄를 상대화하고 일반화하려는 사람들에게 분노하면서 두 가지 중요한 이유를 들어 '돌이킬 수 없는 일'에 대한 용서에 반대합니다. 첫째, 나치가 자행한 범죄들, "유례없는 잔인함의 발명, 악마적 패륜의 극치, 상상할 수 없는 증오의 정수"[7]라는 특징으로 말을 잃게 하는 범죄들은 엄밀히 말해서 모든 한계를 벗어나므로 그에 합당한 처벌이 있을 수 없고, 따라서 가능한 속죄도 있을 수 없습니다. 그리고 이런 이유로 시효가 있을 수 없습니다. 사실, 나치의 범죄는 언제 어디서나 모든 전선에서 자행되는 '전쟁의 잔혹함'이 아니라, 사람들이 용서할 수 있는 범위로는 공포의 폭을 측정할 수도 없는 '증오의 작품'이었습니다. 요컨대, 누가 희생자를 대신해서 용서를 공언할 수 있겠습니까? 어떤 정치가가 희생자들에게서 용서할 권리를 빼앗을 수 있겠습니까? 끔찍한 범죄의 흔적이 '기억에 암'처럼 남아 있는 사람들에게 어떤 도덕적 권위에 준거해 용서에 동의하라고 요구할 수 있겠습니까? 고통이 서려 있는 묘비명처럼 간결한 장켈레비치의 이 문장은 널리 알려졌습니다. "용서는 사

---

7) Vladimir Jankélévitch, «Pardonner?», in *L'Imprescriptible*, Paris, Éditions du Seuil, 1986, p. 29.

람들이 죽어간 집단수용소에서 이미 죽었다."[8]

또한, 여기에는 장켈레비치의 모든 분노와 고통이 응집된 두 번째 논점이 있습니다. 그가 이 책을 쓸 때는 이차대전이 끝나고 20년이 지난 시점이었습니다. 독일은 재건됐고, 유럽공동체가 성립되는 중이었으며, 프랑스와 독일의 화해는 이미 오래전에 이루어졌습니다. 독일인들은 그만큼 용서받았던 것일까요? 야만적인 나치 지도자들은 마땅히 그래야 했던 대로 기소되어 처벌받았을까요? 아니면 언제나 명백하게 나쁜 의도가 동반된 파렴치한 관용의 평결이었다는 사실을 인정해야 할까요? 장켈레비치는 독일 총리 빌리 브란트가 바르샤바 게토의 봉기를 기리는 기념비 아래 무릎을 꿇기 5년 전에 이미 모든 것이 진행됐음을 확인합니다. 앞으로 독일인들이 무거운 죄책감에 짓눌려 살지 않도록, 늘 과거의 흔적에 얽매여 살지 않도록 모든 조처를 했다는 것입니다. 가해자가 사과하고 용서를 구하기를 허망하게 기다린 역사! 독일에 대한 장켈레비치의 분노는 50년 넘게 세계 곳곳에서 지속적인 반향을 얻었습니다. 결의에 찬 민중이나 공동체가 이런 요구의 필연성을 확신하며 살아갈 때 분노는 국제 관계에 중대한 영향을 끼

8) *Ibidem*, p. 50.

치고 큰 걸림돌이 됩니다. 그리고 우리는 가령, 지금도 일본이 그러듯이, 많은 정부가 과거에 대한 용서를 구하는 데 주저하는 태도를 비판할 수 있고, 용서를 구하거나 허락하는 문제가 개인이 민중과 역사와 자신을 동일시하는 능력과 얼마나 깊이 연관되어 있는지 가늠할 수 있습니다. 이 기다림의 시간에 장 켈레비치의 선고는 준엄합니다. 그렇습니다, 자기가 저지른 죄를 인정하지도 않고, 피해자에게 용서를 구하지도 않는 사람을 용서할 수는 없습니다.

희생자를 앞지르다, 바로 그것이었다. 용서를 구하라! 우리는 오랫동안 한 마디, 단 한 마디, 이해와 공감의 표현을 기다렸다…. 이 박애의 말을 희망했다! 물론 우리에게 용서를 간구하기를 기대하지는 않았다…. 그러나 이해의 말, 우리는 그 말을 감사히, 눈물로 맞이했을 것이다. 아! 오스트리아인들은 뉘우치기는커녕 가해자들의 수치스러운 석방이라는 선물을 우리에게 안겨주었다.[9]

데리다는 이 고통스럽고 분노가 진동하는 텍스트를 30여

9) *Ibidem*, p. 51-52.

년 후인 1997년 거짓 선서와 용서에 바친 한 세미나에서 다시 읽습니다. 질문이 반복되는 것은 놀랍지 않습니다. 길잡이로 삼은 폭력의 시험과 관련해서 우리가 다룬 모든 점에서, 반인류 범죄들의 책임과 그 용서의 책임, 전쟁의 갈등적인 기억의 책임은 이후 30년간 가장 빈번하게 다시 제기되는 문제입니다.[10] 1965년 장켈레비치가 썼듯이 "착란적인 증오의 미스터리가 전체적으로 해명되려면 오랜 시간이 필요할 것이다."라는 이유만이 아니라, 모든 기대를 뒤엎고 잔인함에 대한 선고가 절대 보편적인 것이 되지 않기 때문이며, 이 잔인함이 존재했다는 사실을 부인하려는 것이 아닐 때 이런 부재는 이를 정당화하려는 '기억의 살인자들'에게 제시될 것이기 때문입니다.

세미나에서 다루는 책임의 문제 중 하나로 데리다가 『용서』를 검토할 때 그는 '궁극의 윤리'라고 부르는 것, 다시 말해 극단적이고 급진적인 윤리, 그리고 바로 이런 점에서 매번 '불가능을 가능하게' 하려는 역설적 윤리의 윤곽을 그리려는 의도로 검토합니다. 책임에는 이런 대가밖에 없기 때문입니다.

---

10) 인용할 필요가 있고 여기서 논의할 수 있는 책들 중에, 적어도 에마뉘엘 레비나스의 중요한 저작, 『존재하는 것과 다르게 혹은 본질의 피안(*Autrement qu'être ou Au-delà de l'essence*)』(Martinus Nijhoff, 1978)과 폴 리쾨르의 책 『기억, 역사, 망각(*La Mémoire, l'Histoire, l'Oubli*)』(Paris, Éditions du Seuil, 2000)을 꼽을 수 있다.

그는 장켈레비치의 「용서」[11]를 읽으면서 '용서 불가'의 문제를 시작으로 가장 심각한 문제를 다루고 있음을 알고 있으면서도 논의의 방향을 바꿉니다. 그때까지 진전됐던 논의를 기억해봅시다. 장켈레비치의 주장처럼 나치의 범죄를 용서하지 말아야 하는 것은 그들의 괴물성이 이를 돌이킬 수 없는 것으로 만들었고, 이런 이유로 죽음의 수용소에서 용서의 진실인 '조건 없는 사랑'의 계율이 불가능성의 극복할 수 없는 시련을 겪었기 때문입니다. 막다른 골목입니다! 빠져나갈 방법이 없습니다! 치유할 수 없는 것을 치유하고, 단절을 부인하고, 마치 아무 일도 없었던 것처럼 책장을 덮고, 다시 계율의 수세기 역사와 관계를 맺으려는 모든 사람에게 이 막다른 길과도 같은 문제가 닥칩니다.

그런데… 그런데 데리다는 우리가 용서할 수 없는 것 이외의 것을 용서할 수 있는지 묻습니다. 우리가 미리 정해진 기준에 따라 어떤 행위를 용서할 수 있을지 미리 가늠할 수 있다면 이 행위는 용서될 수 있을까요? 용서 자체가 문제를 일으키지 않는다면, 그런 용서도 용서의 의미를 유지할 수 있을까요? 우

---

11) Vladimir Jankélévitch, «Le Pardon» 1967, in *Philosophie morale*, Paris, Flammarion, Mille et une pages, édition établie par F. Schwab, 1998.

리가 스스로 자신을 이런 문제를 결정할 책임자로 간주할 수 있을까요? 혼란이나 동요 없이, 용서하는 것이 가능하다는 것을 미리 알고 있다는 것은 사실상 용서의 가능성 자체를 부정합니다.

이로써 우리는 용서에 대한 사유의 역설을 짐작할 수 있습니다. 예를 들어 장켈레비치가 '용서는 받는 것이 아니라 구해야 하는 것'이라고 말할 때 그의 사유는 전통적이고 통상적인 용서의 체계에 여전히 머물러 있습니다. 그러나 이런 상관관계에서 벗어나는 순간, 이 사유는 역설적이 됩니다. 용서할 수 없는 것을 용서해야 한다는 윤리적 엄격함에 자신을 노출하면서, 조건 없는 용서는 데리다가 '회개, 고해, 속죄, 화해 혹은 구원의 인간적 혹은 인류-신학적 한계'[12]라고 부르는 것에 여전히 남아 있을 수 있는 모든 관계를 파괴했다는 것으로 변별되는 범죄, 악행, 잔인한 행위를 매번 유일한 방식으로 직면합니다.

이런 한계에서 이 사유는 더는 조건을 인정하지 않습니다. 반대로, 용서하거나 용서를 거절하는 결정 혹은 책임을 '조건 없는' 윤리, 윤리를 '초월한' 윤리의 엄격함에 복속시킵니다.

---

12) Jacques Derrida, *Pardonner, L'Impardonnable et l'Imprescriptible*, Paris, Éditions Galilée, 2012, p. 26. 이 책은 역사, 폭력과 용서의 문제를 생각해보고자 하는 이숲 출판사의 기획으로 곧 번역되어 출간될 예정이다. 옮긴이.

같은 시기에 데리다가 '환대'에 관해 설명했듯이 [맞이(하다)의 결정처럼] 용서(하다)의 결정은 (세계 어디서나 그러듯이) 조건적 ·이해관계적·계산적·전략적 용서(혹은 환대)와 규칙, 계산, 그리고 항상 가능한 정치-종교적 제도화와 용서(혹은 환대)의 절대적, 비타협적 그리고 급진적 엄격함 사이에, 서로 모순되어 양립할 수 없는 명제의 양극 사이에 놓이게 됩니다. 용서의 무조건성이 (환대의 무조건성처럼) 이런저런 종교적 권력과 함께, 혹은 개별적으로 정치적 권력이 강제하는 조건들에 의해 변질될 때 용서의 무조건성은 집요한 요구 조건들만큼이나 결정될 수 없다고 말할 수 있습니다. 바로 이런 이유로 결정의 책임을 지우는 진정한 용서는 쉽지 않습니다.

이제 우리는 용서가 무엇으로 장켈레비치와 데리다 각자에게 시험이 되는지 조금 더 이해할 수 있습니다. 장켈레비치에게 이것은 근본적인 중단, 지킬 수 없게 되어버린 절대 윤리 계율의 시험입니다. 데리다에게 이 시험은 윤리와 정치의 유기적 결합에 있습니다. 윤리의 무조건 원칙, 정치의 이해관계상 조건, 분리할 수 없으면서도 근본적으로 이질적인 논리가 서로 환원되는 지점에 있습니다. 예를 들어 오늘날 라틴아메리카에서 아프리카와 아시아에 이르기까지 모든 대륙에서 그렇듯이 화해의 조건, 속죄와 회개의 규칙, 일반화된 자아비판 법정 등에서 기대할 수 있는 정치적 이득 따위의 계산으로 윤리는 항상 변질되기 때문입니다. 용서의 요구와 동의가 전제하는 유일한 관계, 즉 일대일 대면이 생략되고, 무시되고, 박탈당하고, 그 대신에 경직된 제도적 규칙을 동반한 공식적 결정, 법적 명령이 이를 대신할 때마다 윤리는 변질됩니다. 피해자가 자신의 이름으로 가해자를 용서할 권리를 빼앗길 때, 국가권력이나 기관이 이를 부당하게 점유할 때마다 윤리는 변질됩니다.

폭력이 생존자들이나 그들과 관련된 모든 사람의 기억을 사로잡고 있기 때문에 오랜 시간이 지나도 드러나고, 끊임없이 솟아오르는 내재화된 폭력의 시험은 또한 유례없는 언어의 고난이기도 합니다. 과거와 현재의 모든 전쟁에 대한 기억과 이와 관련한 무수한 증언과 용서에는 공통적인 문제가 있습니다. 아무도 증언자를 대신해서 증언할 수 없듯이 아무도 희생자를 대신해서 말할 수 없습니다. 아무도 남에게 '자기' 용서의 언어를 강요할 수 없으며 유일한 존재가 또 다른 유일한 존재와 맺는 관계에 제삼자로 개입해서는 안 됩니다.

이런 궁극의 윤리에서 우리는 마침내 가장 의미 있는 쟁점 중 하나를 발견하게 됩니다. 무조건성(순수한 용서)과 조건성(화해의 정치적 쟁점)의 관계를 새로운 발명의 장소와 기회로 삼는 것입니다(가령 책임의 문제를 떠올려봅시다). 용서를 정치도구화할 때 잘못을 저지르게 마련입니다. 무조건성에 구애받지 않으려고 하는 것, 즉 용서 행위는 고유해야 하지만, 그 내용을 조건에 맞춰 이미 정해진 형식에 따르게 한다든가 용서를 구하는 것과 용서하는 것을 모두 담론, 법령, (관련 집행, 운영) 위원회 혹은 법률안 따위에 의지해서 미리 정해진 언어에 끼워 맞추고 제도화하는 오류를 범한다는 것입니다.

피해자는 자신이 선택하지 않은 단어, 자기 것이 아닌 언어를 강요당합니다. 그렇다면, 이와 반대되는 상황도 가능할까요? 어떤 제삼자도, 어떤 정치적·종교적 권력도 개입하지 않고, 피해자와 가해자가 공통 언어, 의미가 있거나 혹은 같은 의미가 있는 공유된 말을 찾을 수 있을까요? 바로 이런 언어의 문제가 그 자체로 용서의 영역을 지배하고, 역설을 일으키는 관계에 용서를 위치시키는 것은 아닐까요?

책임의 본래 의미는 이런 윤리적이자 정치적인 언어 문제를 아무런 공유도 발생할 수 있을 것 같지 않은 영역, 합의된 도의적 관계의 유일성에 부합하는 '고유어' 발명이 거의 불가능해 보이거나 불가능한 그런 영역에서 엄정하고 정확하게 직면하는 데 있을 것입니다. '세기와 용서'라는 제목의 긴 대담에서 데리다는 이 점을 환기합니다. 우리는 이것을 결론으로 삼겠습니다.

공유된 언어 없이 양쪽을 모두 위한 용서의 장이 있을 수 있을까요? 이런 공유는 모국어나 고유어뿐 아니라 단어의 의미, 이 단어의 암시적 의미, 참고의 목적 등에 대한 동의를 말합니다. 여기에 같은 논리적 난점의 다른 형태가 있습니다. 피해자와 가해자가 어떤 언어도 공유하지 않을 때, 어떤 공통점도 보편성도 그들이 서로 이해하게 해줄 수 없을 때 용서는 의미가 박탈된 것처럼 보이고, 절대적으로 용서할 수 없음, 우리가 조금 전에 바로 이것이 모두 가능한 용서의 요소 자체라고 말했던 용서 불가능에 직면하게 됩니다.[13]

---

13) Jacques Derrida, «Le siècle et le pardon», entretien avec Michel Wieviorka, texte repris à la fin de *Foi et Savoir*, Paris, Éditions du Seuil, 2000, p. 122.

결론

1. 오늘날 철학의 과제

1980년대 말, 어떤 사람들은 상당히 그럴듯하게 (베를린 장벽의 붕괴를 둘러싸고) '역사의 종말'과 '철학의 종말'을 (특히 교육계나 학자층에서) 확언했습니다. 하지만 우리는 오늘날 이것이 이중 오류였다는 사실을 깨닫습니다. 역사는 계속될 뿐 아니라 어느 때보다도 폭력적이고, 사람들은 여전히 혹은 어느 때보다도 절실하게 철학에 도움을 호소합니다. 그렇다면, 그것은 어떤 철학을 향한 호소일까요? 영원한 철학? 새로운 철학? 우리가 이 여정에서 만난 철학자들의 철학? 이 질문에 우리는 망설임 없이 대답할 것입니다. 셋 모두!

구체적으로 과거에서 비롯한 철학의 이 세 측면은 단지 역사적 결말일 뿐 아니라 현재로 이어지는 시작이기도 합니다.

'영원한' 철학? 당연히 내용이 영원하다는 뜻은 아닙니다. (우리가 여정의 각 단계에서 점검했듯이, 그리고 여기서 다시 확인하겠지만) 시대를 가로질러 여러 철학자가 서로 연관될 뿐 아니라 대립으로 점철되기도 하는 철학의 내용은 끊임없이 변화하기 때문입니다. 사실, 철학은 단수가 아니라 복수로, '철학들'이라고 불러야 마땅합니다. 이처럼 언제나 철학의 필요성이 있고, 지금도 계속해서 요구되는 (그 중요성이 과거 어느 때보다도 오히려 더 절실해진) 철학의 엄격함이 있습니다. 어떤 엄격함일까요? 앞서 살핀 모든 사실이 이를 보여줍니다. 지금도 계속되는 폭력 앞에서 '원칙'의 필요성과 엄격함, '비판'의 필요성과 엄격함이 요구됩니다. 막연한 개념으로서의 폭력, 따라서 역시 막연할 수 있는 폭력에 대한 고발에 만족해서는 안 되기 때문입니다. 게다가 철학을 '폭력의 시험'에 들게 하는 것만으로는 충분하지 않습니다. 거꾸로 폭력을 철학의 시험에 들게 해야 합니다. 원칙에 따라 폭력을 규정하고, 비판에서 방향성을 찾아야 합니다. 이에 대해서 우리는 암시적인 이중 철학 없이는 폭력의 감정도 없고, 긍정도 부정도 없음에서, 단지 고통의 거부뿐 아니라 중요성과 가치를 느낄 수 있는 무엇인가를 의도적으로 무너뜨리기 위해 고통을 강제하는 행위에 대한 거부를 되찾아야 한다고 말할 수 있습니다. 이처럼 폭력의 감정, 더 정확하게 '위반'의 감정은 철학에 호소합니다. 삶, 죽음, 추위, 더위 등 이 모든 것을 폭력이라고 말할 수 있을까요? 아니면 '폭력'이라는 말은 도덕적이고 정치적인, 인간적이고 역사적인 행위, 도덕과 정치나 인류의 원칙 자체를 위반하는 것들에만 써야 할까요? 우리가 이런 질문을 진지하게 제기하지 않는다면, 이런 문제를 제기하지도 않고 다른 담론들이 자리를 차지하고 사람들을 조종할 것입니다. 따라서 철학을 간과해서는 안 됩니다. 오늘날 철학은 어느 때보다도 중요해졌습니다. 왜 우리는 이에 불복하여 어떤 행동을 단죄할까요? 왜 우리는 이에 불복하여 다른 이들에게 호소할까요? 이런 것이 삶과 역사에 어떤 방향을 제시할까요? 이 질문에 대한 여러 가지 대답을 두고 어떤 토론을 할 수 있을까요? 오늘날에도 여전히 이런 문제들이 철학에 호소합니다.

그러나 언제나 같은 문제일까요? 역사적 사건은 물론 과학적 지식은 특히 문제의 주요소들을 바꿉니다. 인간이 부딪힌 새로운 위험, 인간이 갖추게 된 새로운 힘에 ―특히, 자연과 생명에 관해, 인간 고유의 본성과 생명에 관해(예를 들어 생명공학에서)― 직면한 우리를 봅시다. 지구에서 인간은 인간 자신에게 맞섭니다. 그리고 또한 살아 있는 생명으로서 인간에 대한 새로운 지식과 마주했습니다. 그렇다고 해서 생명으로서 인간이 가공하지 않은 형태의 어떤 것으로 차이도 (그리고 여러 차이 중 인간의 차이도) 없고, (가령, 죽음에 대항하는) 극성(極性)도 없고, 사람 사이의 도덕적·정치적 관계와도 무관하다는 의미가 아닙니다. 그렇습니다. 오늘날 인간은 생명론이라든가 비판적 휴머니즘이라고 불러야 할 새로운 철학에 도움을 호소합니다. 이런 철학이 없다면, 극단적으로 말해서 과학이 비록 그 자체로 이로운 적용과 해로운 적용, 치유적인 적용과 파괴적인 적용이 구분되어 있음에도 어떤 방향도 제시하지 않는 과학주의에 빠질 수 있습니다. 그런가 하면 이와 반대로 비판적인 정당화 과정 없이 새로이 절대적 의미를 설파하는 신비주의 같은 담론이 다시 유행해서 과학주의와 대립할 수도 있습니다. 여기서 철학이 필요합니다.

이런 철학을 위해 이런 질문들에 그들 방식으로 그들 시대에 직면했던, 외부 영향을 받았을 뿐 아니라 이를 건설하는 데 공헌했던 철학의 검토나 '철학들'의 계승이 필요합니다. 이런 역사적 계승은 앞서 말한 과제와 비교할 때 특히 20세기 철학과 관련해서 전혀 부차적이지 않습니다. 우리는 여전히 이런 영향을 받고 있으므로 매우 중요합니다. 그리고 철학은 이를 이해하는 데 필수적입니다.

1989년, 베를린 장벽이 무너지고 나서 역사는 계속됐거나 재개됐다고 말합니다. 하지만 이렇게 말하는 것만으로는 충분하지 않습니다. 20세기 넘어서까지 과거의 큰 사건들은 (적어도 우리가 20세기에 겪은 혹독한 시련들은) 아직 끝나지 않았다는 사실에 주목해야 합니다. 20세기에 일어난 전쟁, 탈식민화, 독립에 관해 심사숙고하지 않고 어떻게 현재를 이해할 수 있겠습니까? (그리고 더 멀리 예를 들어 식민화나 노예제까지 거슬러 올라가야 합니다[1]) 과거에 이런 문제에 관해 대처하고 사유했던 여러 철학을 살펴보지 않는다면, 어떻게 이런 '시험들'을 이해할 수 있겠습니까? 바로 이것이 우리 여정이 제시하는 첫 번째 교훈, 즉 역사의 교훈입니다.

두 번째는 철학의 교훈입니다. 지금까지 우리가 공부한 여러 철학은 그들의 상호 관계와 당시의 시기적 관계를 바탕으로 형성됐지만, 또한 그 시기를 넘어 오늘날에도 각각의 비판적 원칙과의 연관성에서 각각의 고유한 방식으로 여전히 그 중요성을 보존하고 있습니다. 역사가 제기하는 어려움과 더불어 역사에 직면해 행동의 필요성이 전도된 시험이나 인간에

---

1) 우리는 그렇게 『20세기 프랑스의 철학(*La Philosophie en France au XXe siècle*)』(Gallimard, 2009)과 『다시 살기(*Revivre*)』(Flammarion, 2012)가 서로 연결되어 있다고 봅니다.

대한 '본질주의' 전망이 강요하는 것을 거부하고, 차이를 비판적으로 이해하는 등 이런 몇몇 원칙이 이 역사에서 유래한 것이며 지금도 그 현재성을 잃지 않았습니다. 이런 문제들을 제기한 사람들의 책은 깊이 성찰하고 참여적인 방식으로 쓰인 만큼, 어떤 것도 거기 담긴 직접적이고 온전한 지식을 대체할 수 없습니다. 따라서 그런 책들을 읽는 것이 필요합니다.

이런 방식으로 철학은 언제나 '동시대적'입니다. '동시대적'이라는 것은 동시적인 것, 시계(동시적인 복수의 시간과 사건들)의 눈금이 가리키는 어떤 사실의 상태가 아닙니다. 동시대는 사실이 아니라 정당한 요구이며, 투쟁의 장입니다. 철학은 언제나 거기서 철학의 시간을 만납니다. 여전히 끝나지 않고 연장되는 동시대 역사가 있기에, 철학이 이해하고 토론하고 실천해야 하는 동시대적 지식이 있기에, 기성 관념을 따르지 않게 하는 비판적 엄격함이 있기에 철학은 사라지지 않습니다. 그렇습니다, 역사와 마찬가지로 철학은 분명히 끝나지 않았습니다. 그리고 여전히 동시대 철학이 있습니다. (FW)

2. 세계에 대한 염려

출발점(1943년)과 기간(1968년 혹은 1970년대 초반까지)을 정당화하고 합리화하려는 시도에는 언제나 임의적인 무언가가 있습니다. 이 출발점과 기간은 두 단절을 넘어서는 연속성에 이 두 단절을 도입합니다. 우리가 처음 이 책을 쓰기로 했을 때 시도는 거창했습니다. 양차대전 사이 시점을 출발점으로 삼고, 심지어 이에 앞서 일차대전의 트라우마와 이 전쟁에서 비롯한 모든 파괴적 단절에서부터 최근 시점까지를 아우르는 기간을 분석의 대상으로 삼으려고 했습니다. 하지만 의도가 지나치고 말았습니다. 길잡이로 삼은 중심 질문 자체가 필연적으로 이런 지나침으로 이끌었던 것입니다. 실제로 정치의 시험과 이 시험의 중심에 있는 경험이나 폭력의 현장은 필연적으로 쉴 새 없이 사유에 도전장을 던집니다. 예속, 거짓, 공포가 폭력의 가장 흔한 표출이라면, 이를 체제 유지의 가장 기본적인 도구로 삼는 정치적·독재적·군사적·종교적 체제는 서로 계승되기를 포기하지 않은 것 같습니다. 이런 체제의 실추가 희망의 자원과 시간이 될 때 붕괴된 체제의 잿더미 위에서조차 이런 체제가 얼마나 많이 돌발적으로 등장하고 계승됩니까? 명분을 찾은 이런저런 철학자들의 열의와 독려를 촉구하면서 어떤 혁명이 한동안 해방의 약속을 지킨다면, 극단적인 폭력에 정신이 혼미해지고 살인의 합법화로 타락한 이런 약속의 근본적인 변질은 가장 심각한 부정부패의 위험에도 여전히 지지되었습니다. 많은 사람이 근본적으로 변질된 약속에서 길을 잃고 오류를 범했습니다. 중국의 문화혁명, 이란의 근본주의 '혁명', 소련의 아프가니스탄 침공, 이스라엘-팔레스타인 분쟁, 발칸 반도 전쟁, 르완다의 인종말살은 이런 의미에서 '폭력의 장'인 동시에 그만큼 이중적 관점에서 분석해야 할 역사입니다. 우선, 이런 문제는 철학자에게 정치의 시험이 '세계에 속해 있음'과 분리될 수 없다는 사실을 확인하게 합니다. 정치의 시험은 개별적·지역적·국가적 이해관계에 몰입하지 않게 하는 자질을 사고에 부여하면서 한나 아렌트(Hannah Arendt, 1906-1975)와 함께 세계에 대한 염려라고 불러야 할 영역에 속합니다. 이어서 '폭력의 상태'가 심각한 불평등을 일으키는 사망률에 대한 염려, 인간의 취약성에 대한 염려, 세계에 대한 염려를 갈라서 생각할 수 없습니다. 모든 인간은 약하고 죽을 운명에 놓여 있지만, 선진국과 후진국의 모든 인간이 똑같은 상태로 죽음에 노출되어 있는 것은 아닙니다. 사망률과 취약성에 심각한 불평등을 초래하는 고질적인 정치 상황은 지구를 반으로 가르고, 환원될 수 없는 불의의 형태로 나타납니다. 이런 불평등은 어떤 형태로든, 적극적이든 수동적이든 혹은 살인적 동의를 취하든, 이에 안주할 수 없는 사유를 끊임없이 동요시키고 사유에 호소합니다.

폭력과 맺는 관계는 (그것이 인정이든, 동의든, 비판이든, 정당화든) 정치의 시험에 대항하기 위해 어느 때보다도 적합한 길잡이로 남아 있습니다. 점점 심각해지는 위협을 끊임없이 일깨우는 테러리즘은 물론이고, 다른 문제로 넘어가기 전 잠시라도 우리 관심을 끄는 문제들, 기아, 대량학살, 자의적 처형, 모든 대륙에서 잊힌 전쟁 같은 극단적인 사건 말고도 폭력이 여기저기 산재한 만큼, 그리고 폭력에서 벗어났다고 자신 있게 말할 수 있는 정치권력이 존재하지 않는 만큼, 더욱더 그렇습니다. 피에 대한 호소의 금지가 중요한 차이점이 되는 민주주의조차도 다양한 형태의 사회적·인종적 배척 혹은 차별과 별로 어렵지 않게 화합합니다. 이런 사회들은 안락에 대한 선호와 치안에 대한 집착의 한가운데 폭력이 자리를 두고 있습니다. 따라서 결과적으로 보면, 폭력을 체제 유지의 수단으로 사용하는 정치 체제와 민주주의를 구분하는 원칙은 허점도

많고 취약합니다. 공허한 말에 만족하지 않고 민주주의에 대해 '말하고' 나아가 민주주의와 그 원칙을 주장하는 유일한 방법인 비판 행위는 끊임없이 이 구분을 다시 떠올리게 하고, 다시 생각하게 합니다. 어떤 시험이 철학에 무언가를 강경하게 요구한다면, 설령 그것이 분석과 비판이 더 시급해 보이는 다른 폭력을 고발하기 위한 것이라고 해도, 철학이 침묵하고 찬동하거나 화합하는 폭력에 속지는 않았는지 스스로 묻게 하는 계기가 됩니다.

앞서 우리는 강의에서 이루어지는 모든 진술이 정당화된 필요에 따라 선택된다고 했지만, 그래도 이런 선택에는 어쩔 수 없이 임의적인 부분이 있다는 점에 주목했습니다. 그 첫 번째는 애초에 우리가 정했던 기간을 초과할 수밖에 없었던 이 여정 자체의 특징으로 설명될 수 있겠습니다. 두 번째는 언어와 문화에 관련된 사실입니다. 지금까지 우리가 함께 읽은 여러 편의 글은 '프랑스 현대 철학'에 관한 것입니다. 그러나 사유는 하나 이상의 장소, 하나 이상의 언어에 열려 있습니다. 철학자들은 여행합니다. 그들의 첫 번째 여행은 다른 언어권에서 쓰여 철학자들이 읽을 수 있는 언어나 그들의 언어로 번역된 다른 사유와의 만남입니다. 이 과정은 때로 시간이 걸립니다. 언어의 복수성에서 비롯한 시차를 부정할 수 없습니다. 그래도 외국어로 쓰인 중요한 저작이 마침내 번역되는 순간이 온다는 사실에 중요성이 덜한 것은 아닙니다. 이런 새로운 접근성이 만들어내는 것은 그 주변에 '수용력 있는 사람들의 무리'가 형성되는 새로운 패러다임입니다. 토론하고, 비판하고, 세계를 분석하고 이해하는 데 필요한 새로운 요소들을 접하려고 새로 출간된 책 주위에 철학자들이 모여드는 것이지요.

1960년대 이후 철학이 겪은 정치의 시험을 돌아보면, 사유의 혁신에 결정적인 패러다임으로 필수 불가결했던 것으로 상기해야 할 중요한 번역의 최소한 네 가지 결과(물론 목록은 독점적이지 않습니다)를 들 수 있습니다. 첫째는 의심할 여지 없이 프랑크푸르트학파, 특히 아도르노(Theodor Adorno, 1903-1969)와 호르크하이머(Max Horkheimer, 1895-1973) 저술 번역의 중대한 공헌입니다. 두 번째는 한나 아렌트와 그녀의 저작, 전체주의에 대한 분석입니다. 세 번째는 특히 존 롤스(Jhon Rawls, 1921-2002)나 마이클 왈저(Michael Walzer, 1935-) 같은 영미 정치철학자들의 저술이 제기한 토론입니다. 그리고 강조해야 하는 마지막 결과는 반체제 사상가들의 매우 결정적인 공헌입니다. 체코 철학자 얀 파토츠카(Jan Patočka, 1907-1977)의 자취에서 바츨라프 하벨(Václav Havel, 1936-2011)의 텍스트는 도덕과 철학이 밀접하게 연관된 폭력의 시험에서 일어난 일들을 제대로 이해하게 해준 부정할 수 없는 구원, 의심할 여지 없는 철학의 자원과 자질, '진리를 향한 용기'였습니다.

오늘날 이 용기는 어떻게 구현될까요? 우선, 세계의 의미가 이를 독점한 이념적·종교적·정치적 힘으로 외부에서 강요되고, 그 독점적 특권을 유지하고자 가장 치명적인 수단을 포함한 모든 수단을 사용하는 행태를 거부하는 과정에서 구현됩니다. 이런 권위적이고 몰수적인 강요는 언제나 진리의 반대편에 서 있고, 세계에 대한 단순화된 이해에 사로잡힌 대중의 지지를 받을 때는 말할 것도 없이 재생된 폭력의 자원이 됩니다.

그렇다면 철학의 자질은 무엇일까요? 우선 무엇보다도 세계를 '분열'시키는 다양한 형태의 폭력과 타협하기를 명백하게 거부하면서 '세계의 의미'에 문제적 성격을 재부여하는 데 있습니다. 따라서 철학의 독자들, 청자들, 철학의 가르침을 주시하고 이에 관해 토론하는 모든 이에게, 철학은 바로 모든 경계를 넘어서는 연대입니다. 얀 파토츠카의 연대, '생존자들'에 대한 20세기 전쟁들의 거대한 영향력을 이해한 그는 '위태로운 사람들의 연대'를 호소했습니다. (MC)

'철학한다'는 것은 무엇일까?

2016년 1월 11일, '1월 11일을 생각하다(Penser le 11 janvier)'라는 이름으로 파리 고등사범학교에서 열린 연구의 날에 이 책의 두 저자 마크 크레퐁과 프레데릭 웜도 발표에 참여했다. 2015년 1월에 한 언론기관에 대한 테러가 있었고, 많은 사람이 10일과 11일에 광장에 모여 희생자들을 추모하고 폭력에 반대하는 집회를 열었다. 그러나 불행하게도 11월 13일, 다시 한 번 프랑스와 세계는 충격에 휩싸인다. 크레퐁은 "테러에 직면한 철학, 하버마스와 데리다의 독해(La philosophie face à terreur: une lecture de Habermas et Derrida)"라는 제목의 발제에서 종교적·정치적 측면에서 데리다와 하버마스(Jürgen Habermas, 1929-)에 기대어 매우 흥미로운 실마리들, 예를 들면 날짜의 강박적 반복, 이해할 수 없는 사건의 성격, 분열된 인상, 자가면역 논리,

유럽의 책임을 논했다.

웜은 '프랑스의 1960년대, 예측하지 못한 철학적 글쓰기 (Ecritures philosophiques inattendues dans le moment des années 60 en France)'라는 제목으로 발표했다. 철학적 글쓰기와 1월 11일을 기억하고 생각하는 자리는 무슨 관계가 있을까? 그의 학술적 가정은 실은, 매우 간결하며 또한 그만큼 본질적이다. 시련과 비극이 닥치면, 철학자이든 아니든 그 문제를 마주한 사람들 또한 근본적인 질문을 하고 생각하게 된다. 그리고 이런 생각의 결과는 가장 구체적인 형태의 행동, 연구와 글쓰기에까지 영향을 미친다. 그는 이 명제를 1960년대 글쓰기, 특히 푸코, 들뢰즈, 데리다의 글쓰기를 통해 살펴본다. 즉, 삶에서 벌어지는 일들, 특히 근본적인 문제와 생각, 행동, 그리고 글쓰기의 관계에 관한 성찰인 셈이다.

매일매일 크고 작은 일들에 둘러싸여 이들과 마주해야 하는 것이 삶이라면, 매 순간 우리는 삶에서 생각하고 결정을 내리는 셈이다. 그리고 이런 사실은 아마도 알게 모르게 우리 자신을 변화시키고, 우리 삶을 만들어가고 있을 것이다. 이런 의미에서 일상의 모든 일은 모두 '사건'이다. 그런데 웜이 특히 염두에 둔 사건은 본질적인 무언가, 의식적으로 그 문제의 급진적 근본성을 염두에 둬야 하는 사건이다. 무엇이 그런 사건의 예가 될 수 있을까. 가령 1월과 11월 프랑스에서 일어난 비극을 들 수 있을 것이다. 또한, 이 책에서 다루는 세계대전도 전형적으로 그런 사건, 경험이다. 근본적인 사건들은 '평온한' 일상에서 볼 수 있는 생각의 논리를 넘어서 감정적 격앙 상태에 우리를 몰아넣는다. 그런데 이런 즉각적 반응도 이미 언어적인 것, 생각하고 느끼는 경험이다.

언어, 번역, 폭력 문제에 천착해온 마크 크레퐁은 최근에 폭력에 관한 책을 출간했다. 그는 일, 가족, 학교, 정치, 사회에서 우리 중 누구도 폭력과 무관하지 않다고 하면서도 폭력과, 예를 들어 프랑스에서 일어난 테러가 우리에게 같은 수준의 시험에 들지 않게 한다는 사실에 주목한다. 우리가 절대 악으로 간주하는 어떤 것과 전례없이 심화되는 공포와 증오의 욕망에 직면해 폭력에 맞서는 다른 길을 모색한다. 폭력에 대한 원칙적 거부, 어떤 종류의 동의도 거부하는 입장을 지키려는 이 여정을 장 조레스, 로맹 롤랑, 마틴 루서 킹, 넬슨 만델라가 함께한다.

우리가 이 책을 읽으면서 확인하듯이 역사에서도 우리의

일상에서도 '폭력'은 언제나 존재했으며, 우리는 어쩌면 지금 가장 폭력적인 시기에 살고 있는지도 모른다. 그렇다면 "우리는 우리에게 근본적인 질문을 던지는 사건"을 일상적으로 마주하고 있는지도 모른다. '아우슈비츠'라는 이름이 상징하는 사건은 이 책에서 다루고 있듯이 급진적으로 사유의 변화를 촉구했다. 가령 용서의 문제는 어느 때보다도 중요한 변화를 맞이할 수밖에 없었다. 크레퐁이 언급하듯이 일본을 비롯한 여러 정부는 책임과 용서의 문제를 되도록 피해왔다. 데리다가 '조건 없는 용서'에 관해 사유하려고 했다는 의미는 무엇일까. 용서할 수 있는 일을 용서하는 것이 용서가 아니라는 것이, 용서할 수 없는 일을 용서해야 한다고 강요하는 것이 '결단코' 아니라면 말이다. 특히, 일제강점기 여성 성노예(위안부) 문제를 둘러싼 한일 간의 최근 협약은 이 문제와 직접적 관련이 있다. 즉, 용서할 수 없는 일, 용서의 유일성과 언어의 발명, 내용과 규칙의 제도화, 제삼자 개입 등 우리에게 이 책은 직접적인 생각의 열쇠를 제공한다.

지금 세계 여러 곳에서 그리고 우리나라에서 일어나는, 사유하기 몹시 어려운 사건들 앞에서 이 책을 길잡이 삼아 우리에게 이것이 어떤 성찰의 경험이어야 하는지, 어떤 이론적 해석이 적용되어야 하는지 묻고 생각하고 토론할 수 있기를 바란다.

과거에 비슷한 문제를 치열하게 고민한 철학자들의 연구에 기대어 현재 내가 처한 상황을 생각해보고 우리가 겪게 될 문제를 생각해보는 시간이 되었으면 한다. 철학이 아무런 쓸모가 없다는 부당한 시험에 들었을 때, 우리는 어쩌면 가장 중요한 사실을 무시하고 있는지도 모른다. 느끼고, 생각하고, 살아가는 것 자체가 바로 철학의 본질 중 하나라는 사실을 말이다.

이 책에서도 언어 문제를 다루고 있지만, 언어는 그 자체로 이미 '문제적인' 생각의 틀이다. 우리가 언어를 사용하는 만큼, 언어도 우리를 사용한다. 전혀 다른 두 언어를 소통하게 하려는 일은 몹시 어려웠다. 이숲 출판사의 전문가들, 특히 이나무, 김문영 선생님의 생각과 일이 없었다면 불가능했을 것이다. 말로 감사의 마음을 다 담을 수 없을 듯하다. 아주 오랜만에 오른 여행길에서도 친구를 위해 교정 중인 원고를 읽고 '독자의 관점'에서 조언하고 우정 어린 격려를 해준 친구 송현숙, 최선경 두 분께 감사의 마음을 전한다. 그리고 책을 읽고 함께 고민하는 모든 독자에게 깊이 감사한다. 이 감사의 마음을 마크 크레퐁의 문장을 통해 환기하고싶다. "철학의 독자들, 청자들, 철학의 가르침을 주시하고 이에 관해 토론하는 모든 이에게, 철학은 바로 모든 경계를 넘어서는 연대"이며 우리, 살아남은 이들에게, 그리고 살아가는 이들에게 이 '연대'는 세상의 부당함과 폭력에 맞서게 해주는 힘이다.

언제나 나를 살아 있게 해주는 토토와 아망, 세상을 떠났어도 나를 떠나지 않은 에리카와 엘렌에게 사랑을 전한다.

2017년 3월, 파리에서
배지선

폭력 앞에 선 철학자들

1판 1쇄 발행일 2017년 4월 10일
지은이 | 마크 크레퐁 & 프레데릭 웜
옮긴이 | 배지선
펴낸이 | 김문영
편집인 | 이나무
펴낸곳 | 이숲
등록 | 2008년 3월 28일 제301-2008-086호
주소 | 서울시 중구 장충단로 8가길 2-1(장충동 1가 38-70)
전화 | 2235-5580
팩스 | 6442-5581
홈페이지 | esoope.com
페이스북 | facebook.com/EsoopPublishing
Email | esoope@naver.com
ISBN | 979-11-86921-39-5 03160
© 이숲, 2017, printed in Korea.